I0616542

Your Personal Book of

Solo Fingerstyle Blues Guitar

「 讓你的指尖傾瀉出
迷人的藍調韻味！
自由地即興著藍調吧！」

不拘時/編著

[一個人的
藍調指彈吉他攻略：
基礎、進階與即興]

電 & 木吉他適用

[前言]

從開始接觸藍調以來已經近二十年，從一開始的生澀到後來可以自由的即興出藍調，更加的了解到，要真的讓靈魂擁有一種不同風味，必須要經過長時間的沈浸與自我焠鍊。

期間除了不斷聆聽與演奏外，也看了許多的原文藍調教材，學習了很多，也發現了很多教材未能說的出卻很重要的東西。再加上有感於國內鮮少有的藍調吉他教材，於是便決定寫下這本包含了這些年來體會出的藍調學習心得，將它系統化，並以能夠做到一個人指彈即興的藍調為目標，希望能讓有心接觸學習藍調，並想將藍調彈的更好的吉他彈奏者們，有更多的學習思考與練習。

要彈好藍調需要經過大量的聆聽沈浸與練習，因此筆者編寫創作了大量以12小節為一個練習單位的範例與練習曲，期望讀者們能藉由本書的學習，就能累積出一定程度的藍調彈奏，不論是指彈或是單純進行旋律上的即興，只要肯花時間詳加練習與吸收思考，本書一定都能提供實質上的幫助，提升藍調演奏的水平。

那麼就開始進入藍調的世界吧！

> 本書中的範例MP3可至不拘時官網 tw.scottsu.net 下載

作者簡介

不拘時，本名蘇士鈞，台灣獨立音樂創作人，製作人，吉他演奏家。經歷錄音室樂手、編曲，參與過許多專輯、配樂、有聲書等的製作，而後發行吉他演奏專輯，以吉他為主要演奏樂器。作品有「妳還在嗎?」吉他演奏全創作單曲、「島上無花」吉他演奏全創作專輯、「吉他指板超解密手冊」、「吉他入門一本就上手」、「流行音樂的特殊和絃進行訓練筆記」。

個人網站: http://tw.ScottSu.net/
Facebook: http://www.facebook.com/scottmusic

「妳還在嗎?」————————————————
最新木吉他演奏全創作單曲全曲聆賞
曲/編曲/演奏/錄音/混音/製作: 不拘時 口琴: OtisTsao

「島上無花」————————————————
電 / 木吉他全創作演奏專輯 iTunes 試聽下載
曲/編曲/演奏/錄音/混音/製作: 不拘時 母帶後期: 葛子毅
KKBox、MyMusic 搜尋「不拘時」, iTunes、Spotify 搜尋「Scott Su」

[大綱]

Solo
Fingerstyle

Blues
Guitar

音樂四要素中除了「音色」
是和樂器的使用相關外,
其他三種就是我們接下來要在
藍調音樂上分析學習的。

第 *1* 篇

藍調的基本學習

◈ 藍調音樂

當我們要學習一種完全不同的曲風時，一定要從聽開始。聽過及感受過不同曲風的感覺後，自己才有辦法聽出所彈奏的東西究竟有沒有那個曲風的味道。就像學英文，聽過美國人或英國人講的英文，才會知道自己講的到底道不道地。而練習時，就可以盡量讓自己想辦法彈出那樣的味道。

不能免俗的還是要從傳統藍調聽起，因為現代的藍調多半融合很多其他的色彩，因此學習上不容易聽出藍調與一般音樂明顯的差異處，也不容易抓出藍調上的精髓來學習。

下面筆者先找了些Youtube上比較有傳統藍調味道的音樂作品，請各位直接用手機掃個別的QR code 即可聆聽，也請注意他們間的一些共同與差異處。

Robert Johnson:	John Lee Hooker:	Muddy Water:

BB King:	Buddy Guy:	Albert Lee:

Stevie Ray Vaughan:

聽完後有感受到藍調音樂的特別了嗎？

音樂的形成有四要素：旋律，和聲，節奏，音色，因此我們要找出藍調音樂中清楚的特色要素，就要看看這四要素中，它的特色在哪裡，幫助我們可以更快的學習。不過也必須知道，要演奏出不同曲風道地的味道，是需要時間不斷的浸濡在那樣的音樂中，就像學語言最好的方式就是處在那種語言環境，因此如果有心彈好藍調，請不斷的聽藍調音樂，甚至可以一起哼唱，那慢慢的就可以知道如何在學完要素後，讓自己的藍調可以更有味道了。

四要素中除了「音色」是和樂器的使用相關外，其他三種就是我們接下來要在音樂上分析學習的。

◇ 藍調和絃（和聲）

藍調的基本和絃形態是以屬七和絃為主要的和絃結構, 而使用的和絃級數為一個調內的第 I 級,
第IV級和第 V 級。因此基本和絃即為:

I7   IV7   V7

如果以A調來說就是:

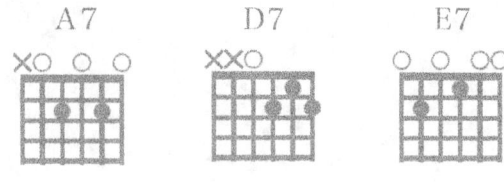

以E調來說就是:

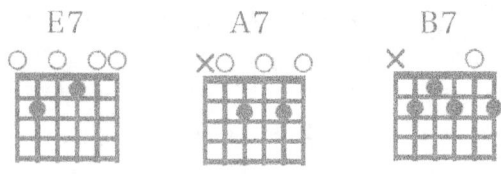

◇ 藍調曲式

藍調有一個基本的12小節循環曲式, 也稱做藍調12小節, 也就是每彈完第12小節後, 會再回到第1小節繼續演奏。加上前面的藍調和絃, 基本的藍調曲式如下:

I_7	(IV_7)	(I_7)	
IV_7		I_7	
V_7	IV_7	I_7	(V_7)

當然12小節並非絕對, 我們也可以聽到即使是比較傳統的藍調, 也很容易在曲式上有所變化。

◇ 藍調節奏

藍調基本的節奏是Shuffle節奏, 也就是一拍3連音中, 拿掉第二個音的節奏。

在譜上為了方便製作和閱讀, 常常會以兩個八分音符來表示, 並在譜上標記:

請注意雖然標記上拿掉了休止符, 但我們彈奏時還是**以有休止符的方式**在演奏, 所以聽起來不會是連在一起, 而是音符有斷掉的跳動感覺。我們後面的譜例也都以此方式來標記表示。

這個節奏在吉他上的彈奏方式通常為:

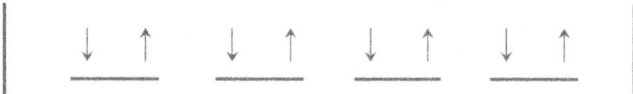

因此, 基本的藍調彈奏, 以A調來說的話如下範例:　　Track 1

A7	(D7)	(A7)	
D7		A7	
E7	D7	A7	(E7)

◈ 指彈吉他上常使用的藍調調性

由於獨奏時需要連低音部一起負責彈奏,因此如果和絃的根音可以是開放音的話,就會非常好發揮。A調的A7 D7 E7的和絃根音剛好分別是第5弦,第4弦和第6弦的開放音,因此A調藍調是吉他經常彈奏的調性;而E調的E7 A7 B7中,只有B7根音無法使用開放音,不過由於它是第V級和絃,在藍調12小節中出現的次數不多,所以E調藍調也是可以讓吉他很好發揮的調性之一。

前面已經彈過了A調的藍調基本進行,接下來我們就來彈彈E調的藍調12小節吧:

E7	(A7)	(E7)		
A7		E7		
B7	A7	E7	(B7)	

◈ 藍調音符

藍調的基本音階以小調五聲音階來發展，而藍調音符則是在小調五聲音階中加上一個#4(♭5)的音讓小調五聲音階更有種藍調的滄桑味道。

【小調五聲音階格式：1　♭3　4　5　♭7】

A調：A C D E G

E調：E G A B D

【藍調音階格式：1　b3　4　#4　5　b7】

A調：A C D D# E G

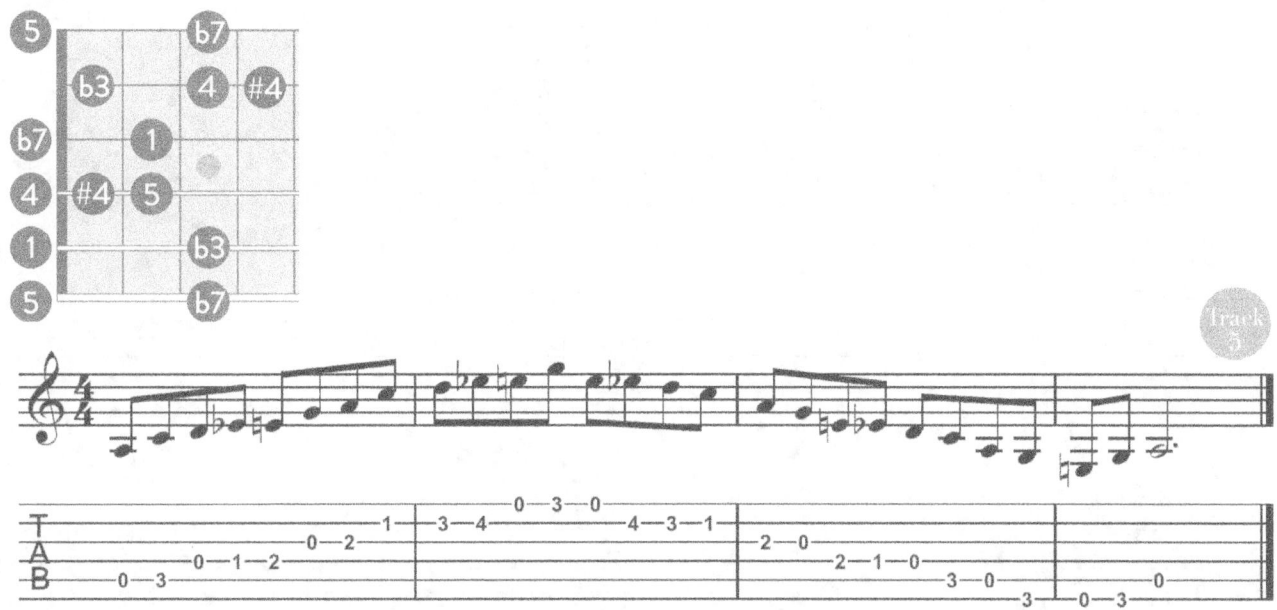

E調：E G A A# B D

【12小節的練習】

一開始在彈奏藍調的旋律練習時，可以先照著背景的節奏來彈奏三連音或是Shuffle的節奏作為旋律的節奏。比如：

A調 /

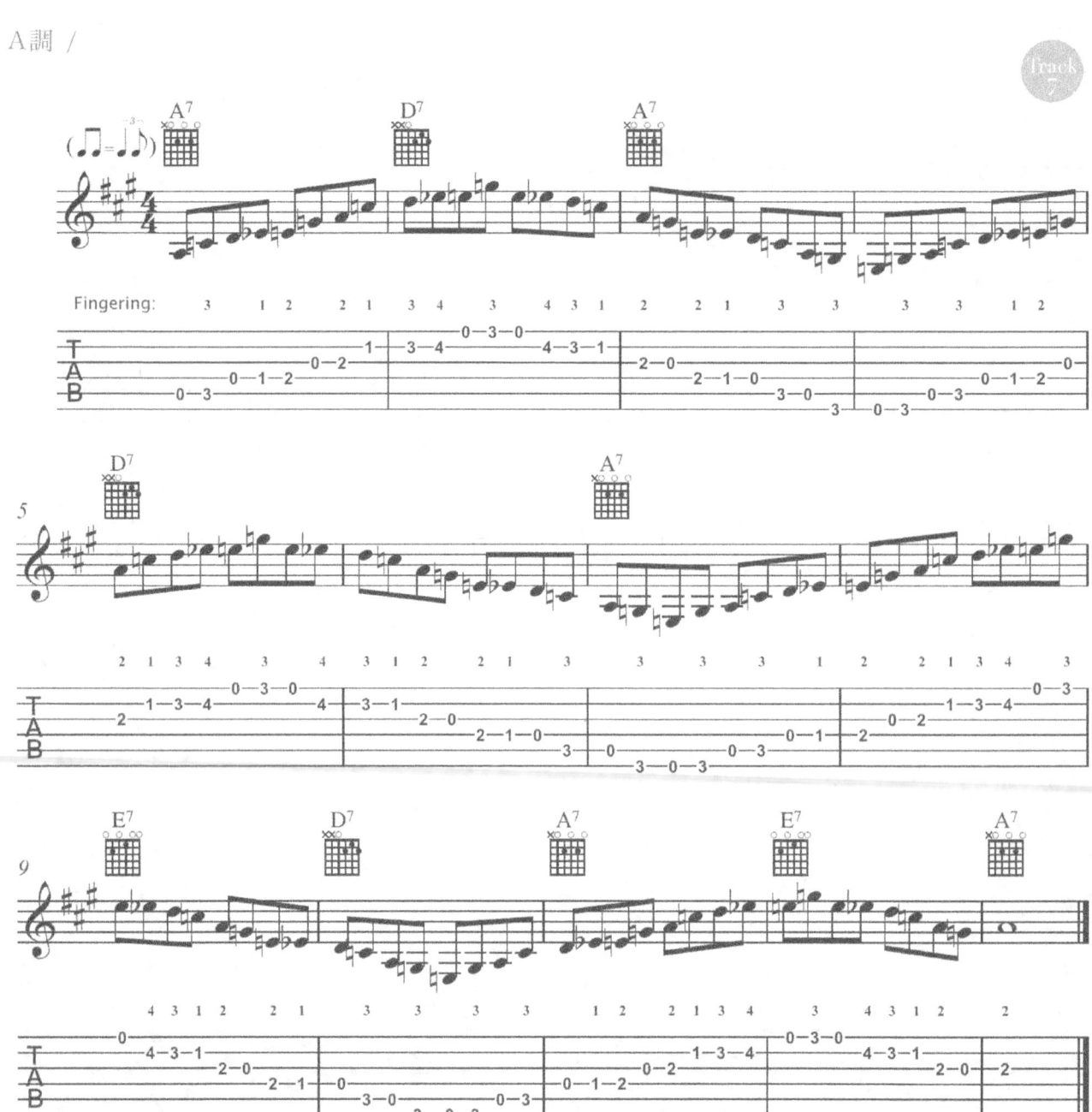

E調 /

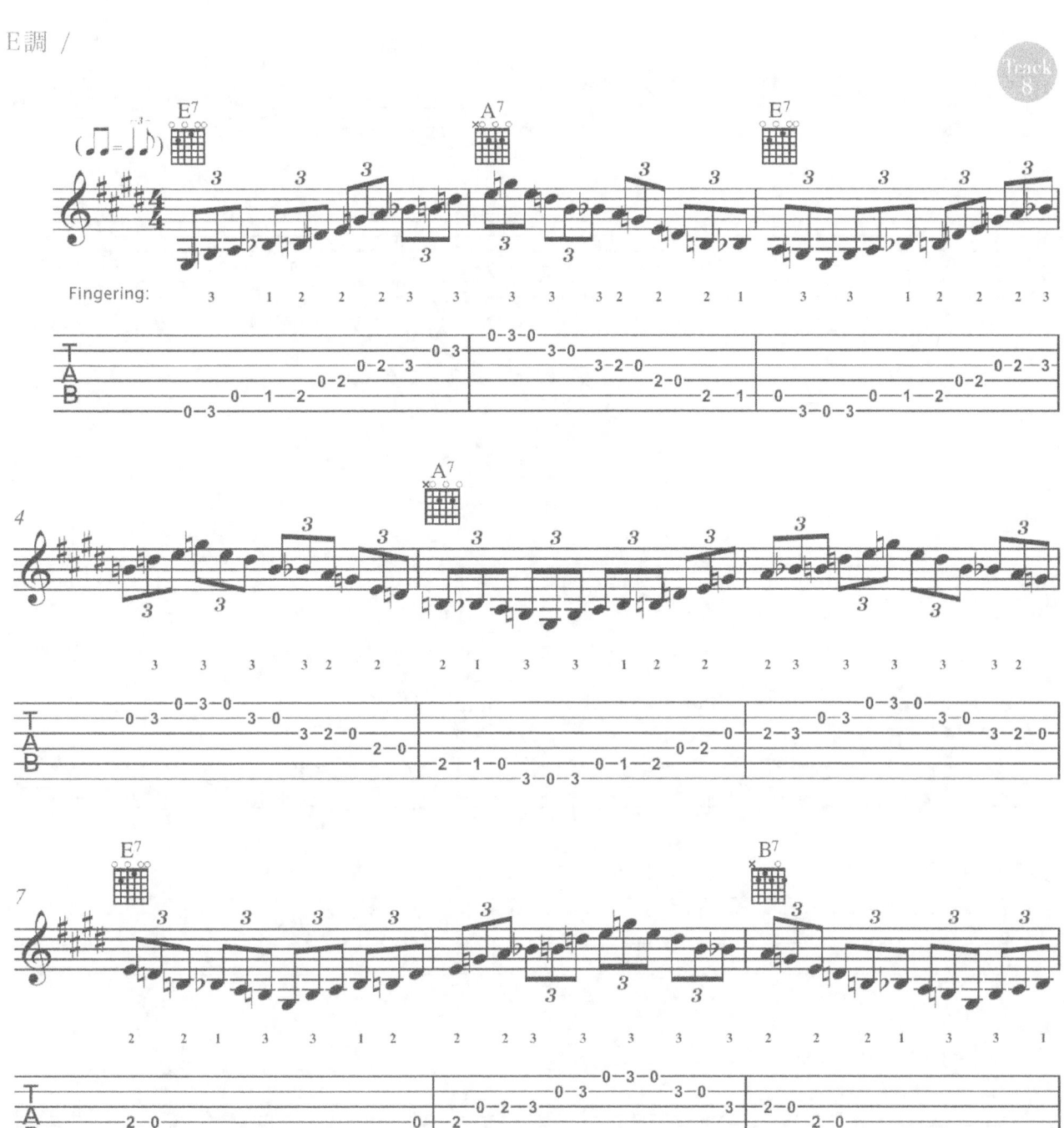

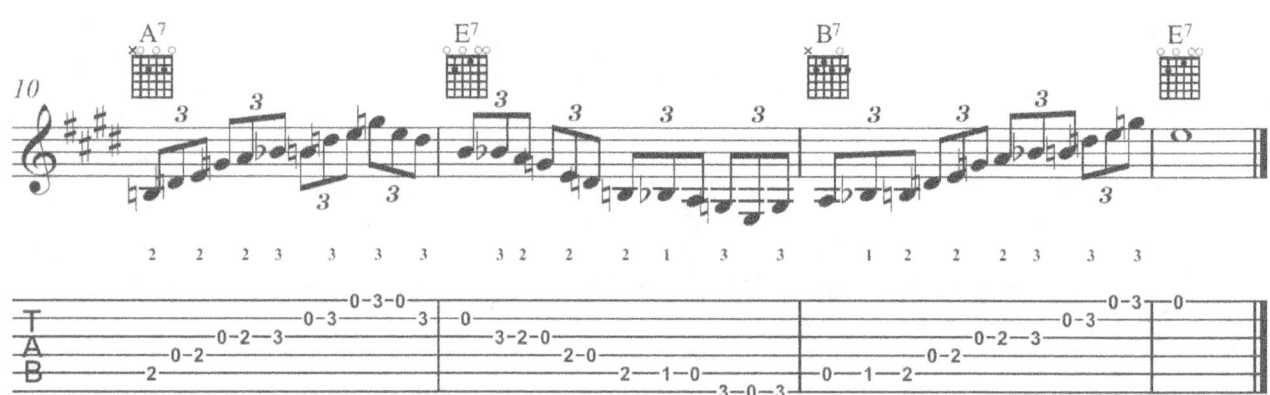

特別注意一下當彈奏到藍調音符#4音時，整個音樂聽起來的感覺。

【加入旋律性的練習】

A調 /

範例一

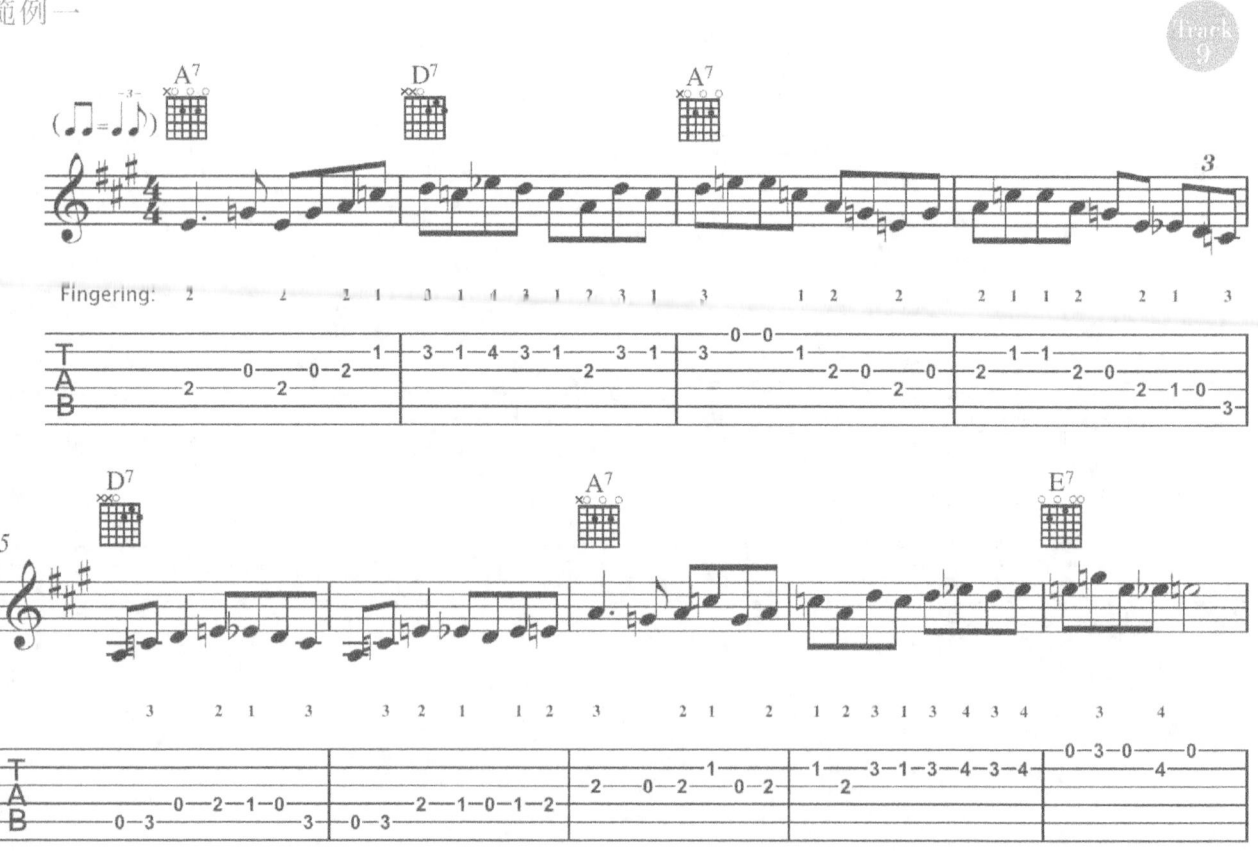

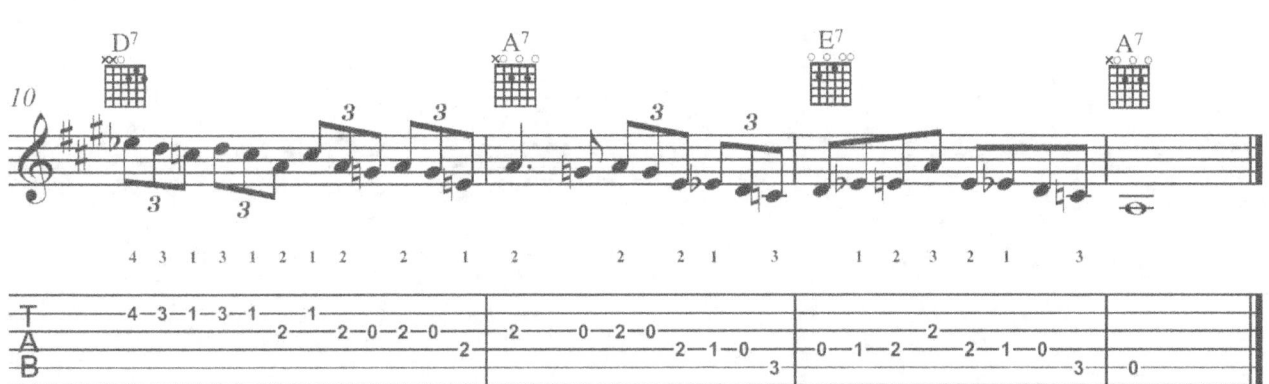

範例二

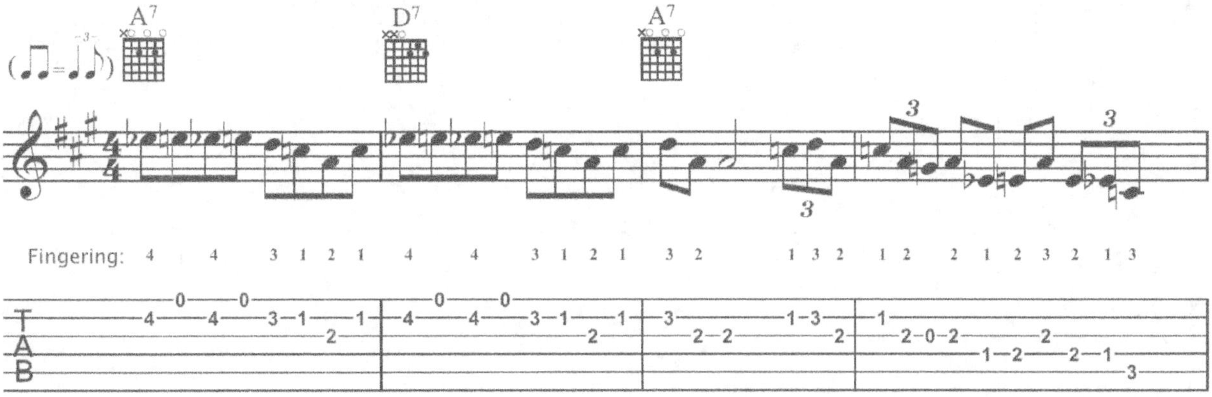

E調 /

範例一

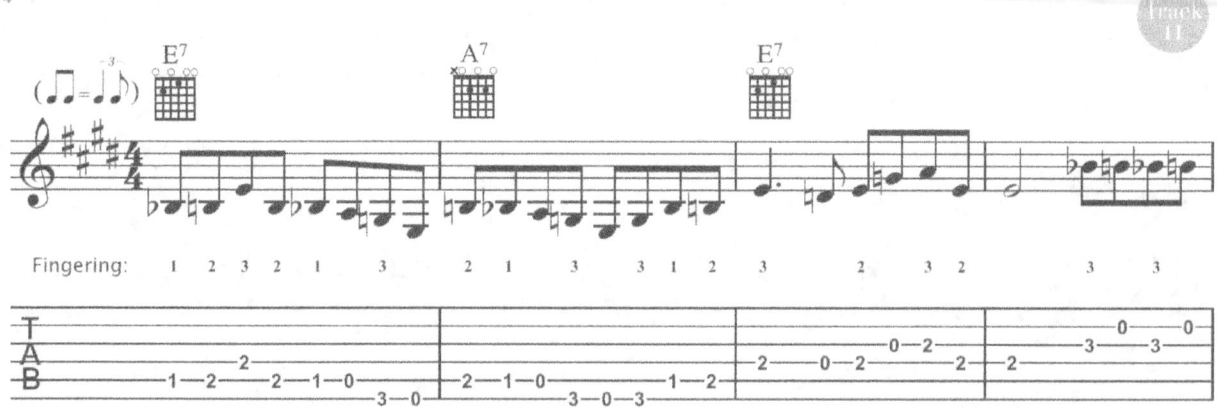

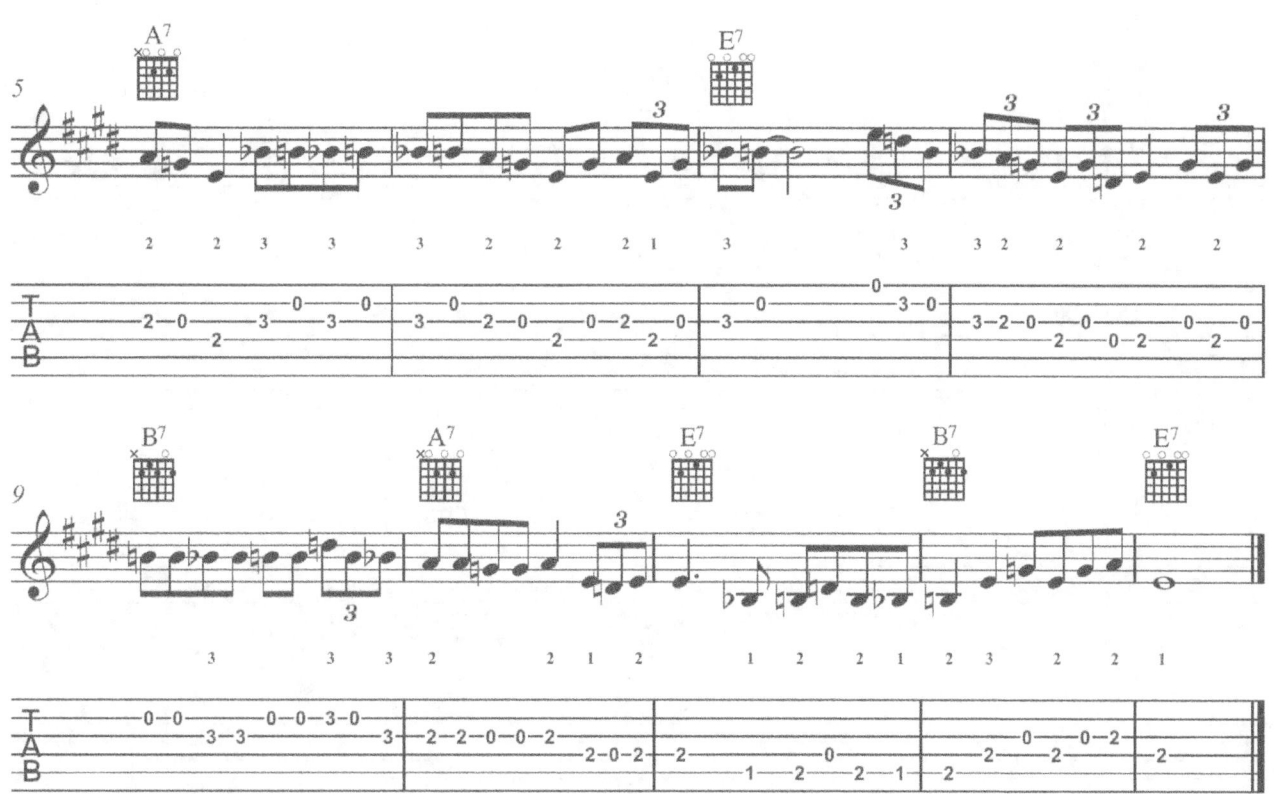

範例二

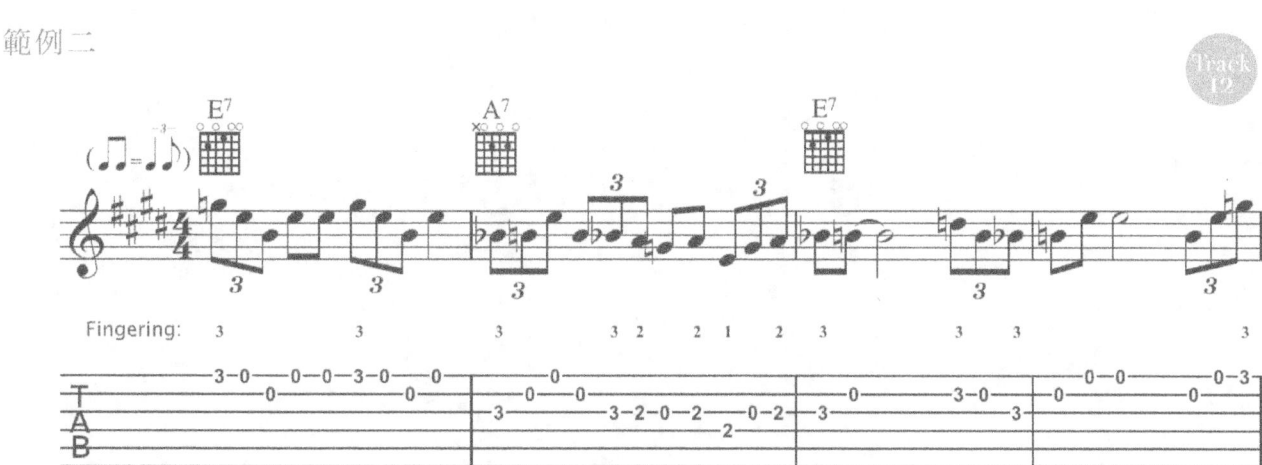

Fingering:

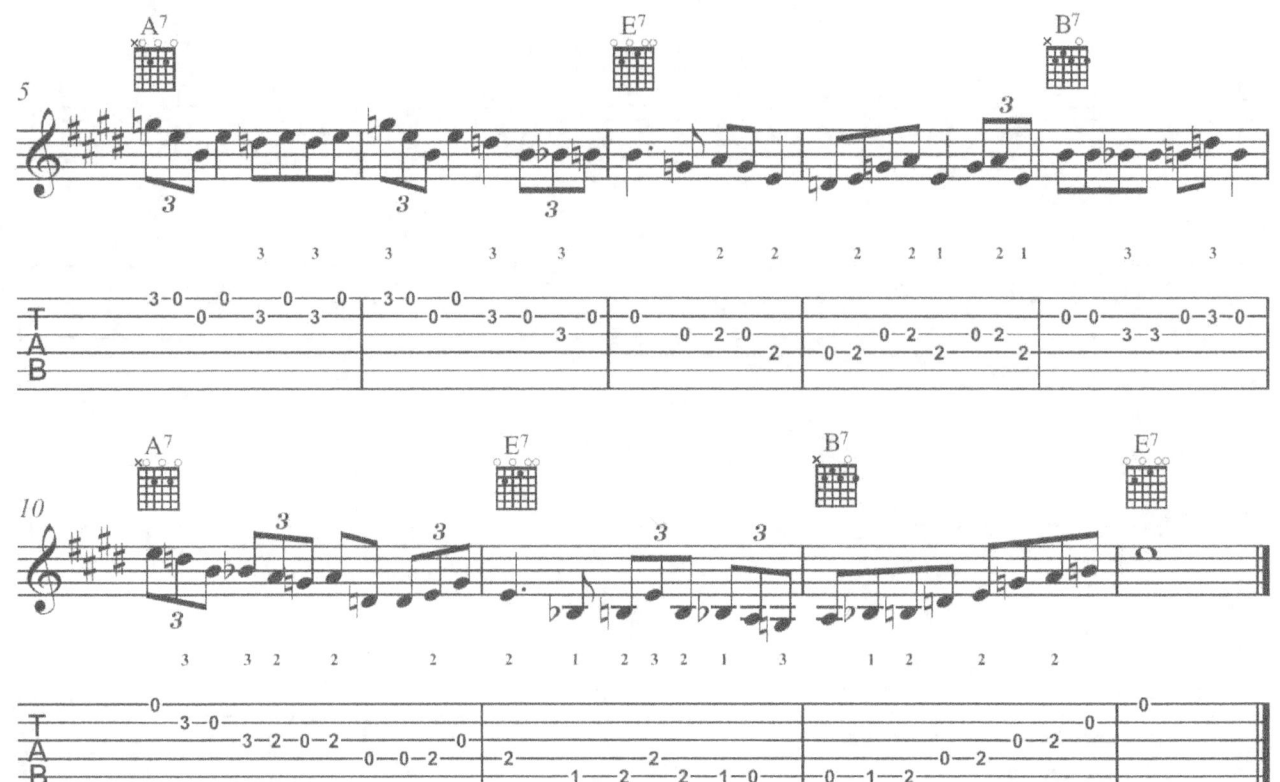

◇ 藍調表情

如果就像上面那樣死板板的彈奏藍調旋律,聽起來其實藍調的味道還是不夠,只是個像藍調的音樂而已。

不同的音樂風格會有不一樣的表情,而藍調在吉他上常用表情,或裝飾音,會以推弦,滑弦,捶弦,勾弦來作些表現。這些左手技巧相信許多人都已經會了,然而在藍調中,**他們出現的時機或拍點可是會大大影響藍調味道的**,這就是我們要學習的地方,也請大家好好揣摩一番。

【推弦】

推弦算是藍調吉他上最常出現與使用的一個技巧。不過在木吉他上,推弦是比較難以進行的技巧,通常會常使用在弦較軟,較好推的電吉他上。真的要在木吉他上使用推弦,通常要有過人的指力,而且要小心別推斷弦,或是可以使用琴頸較短的吉他。

A調 /

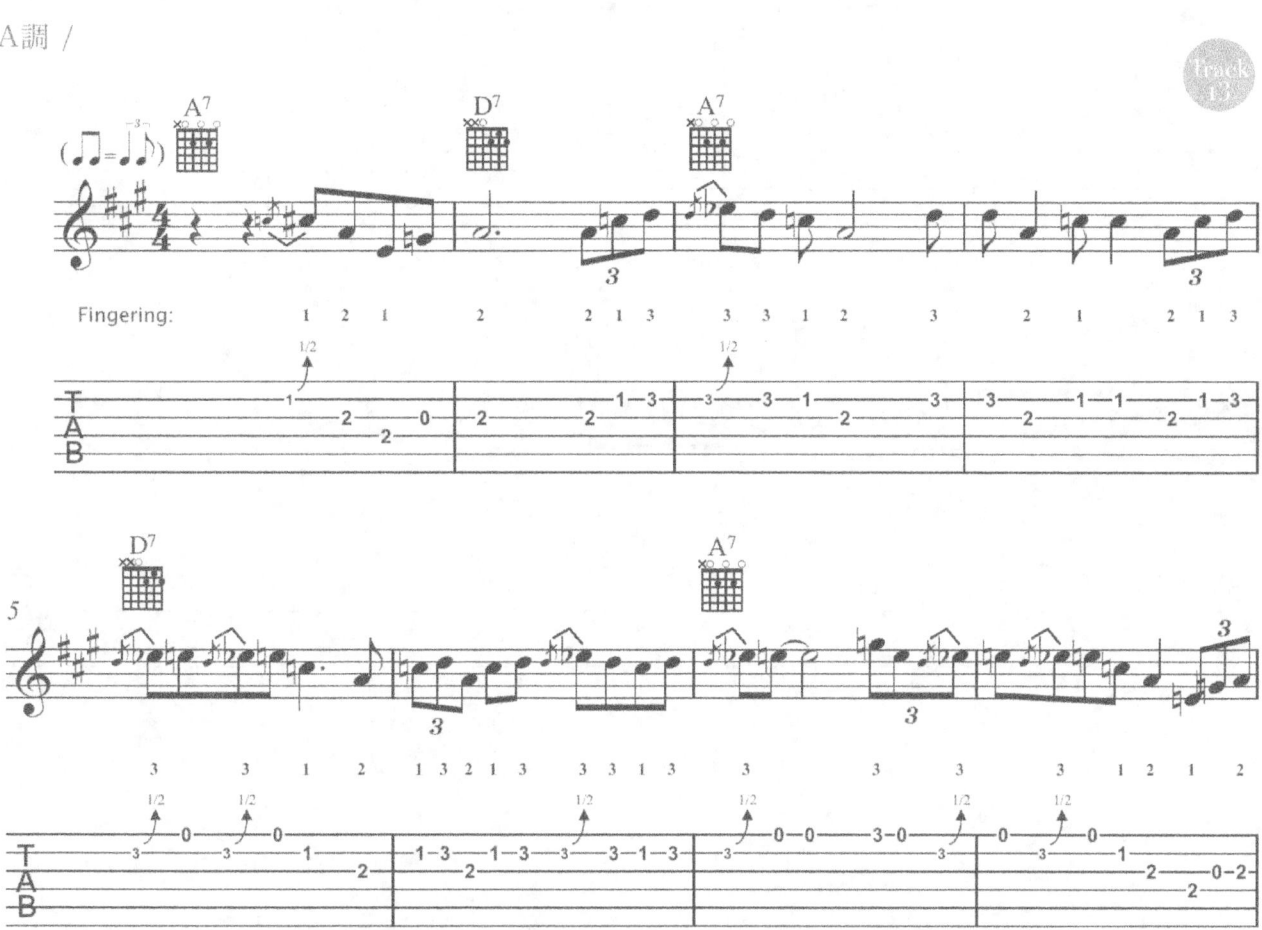

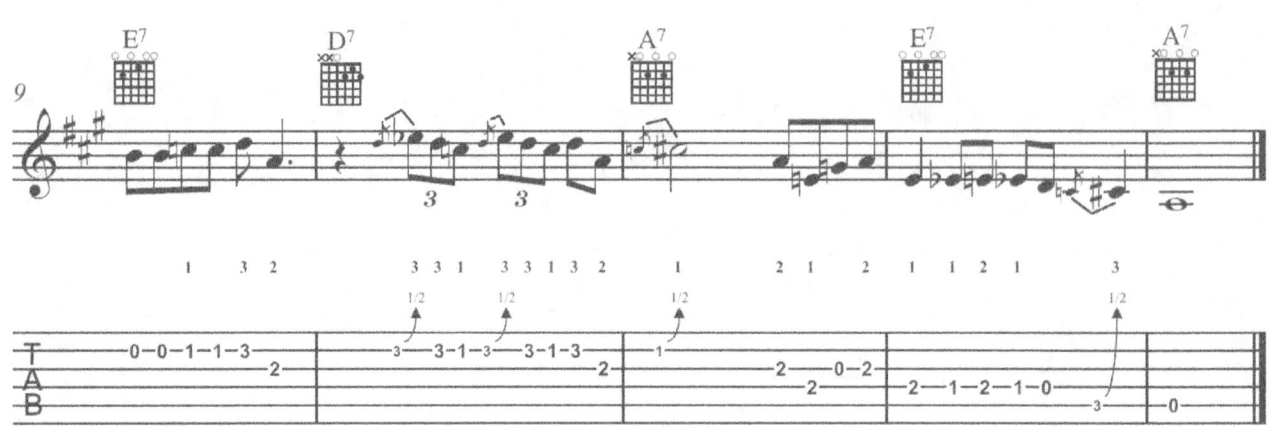

Track 14

E調 /

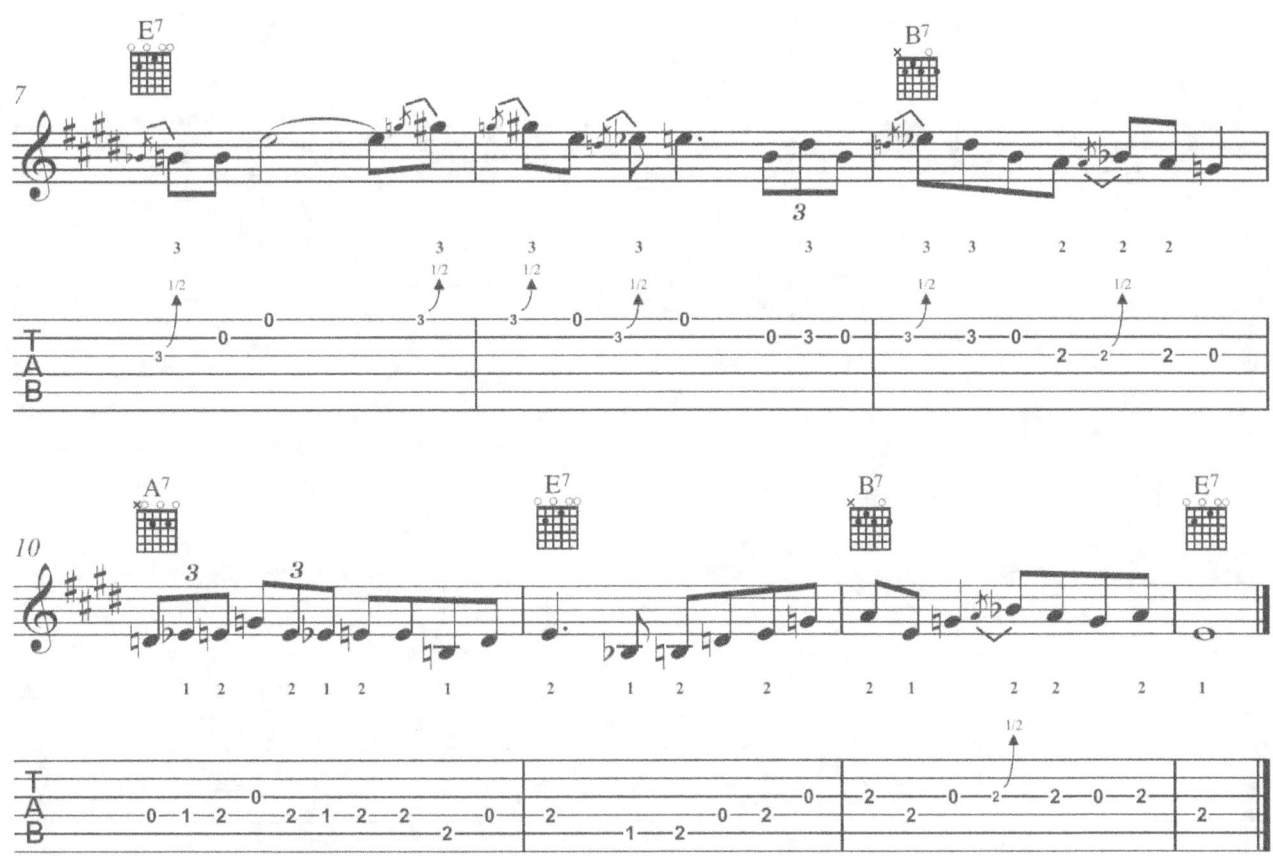

【滑弦】

滑弦,由於推弦在木吉他上難以進行,因此聽起來比較有類似效果的滑弦就會經常被拿來彈奏模仿推弦的效果了。當然,它本身的特性也很適合拿來做把位移動的使用和裝飾。

A調 /

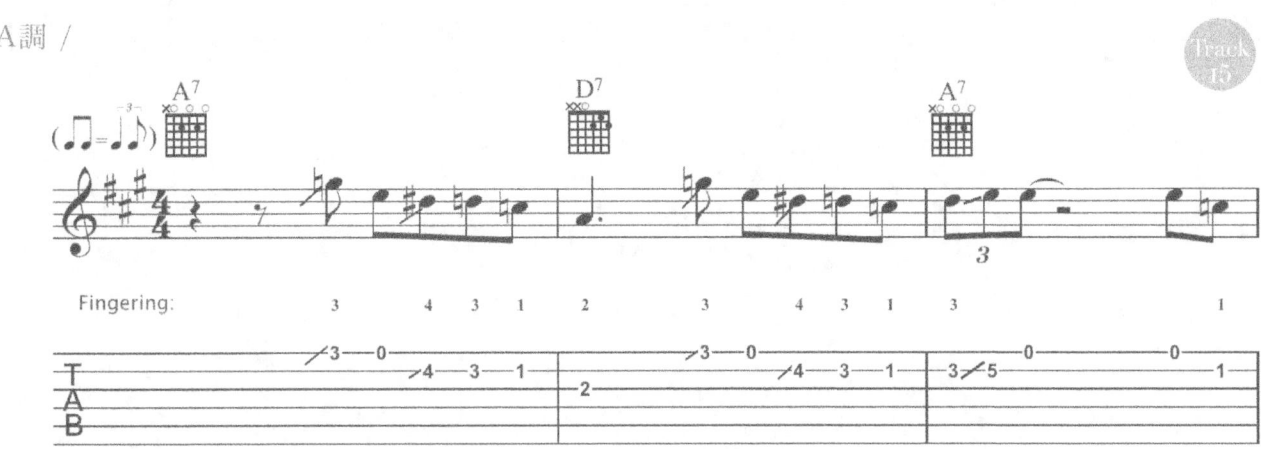

E 調 /

Track 16

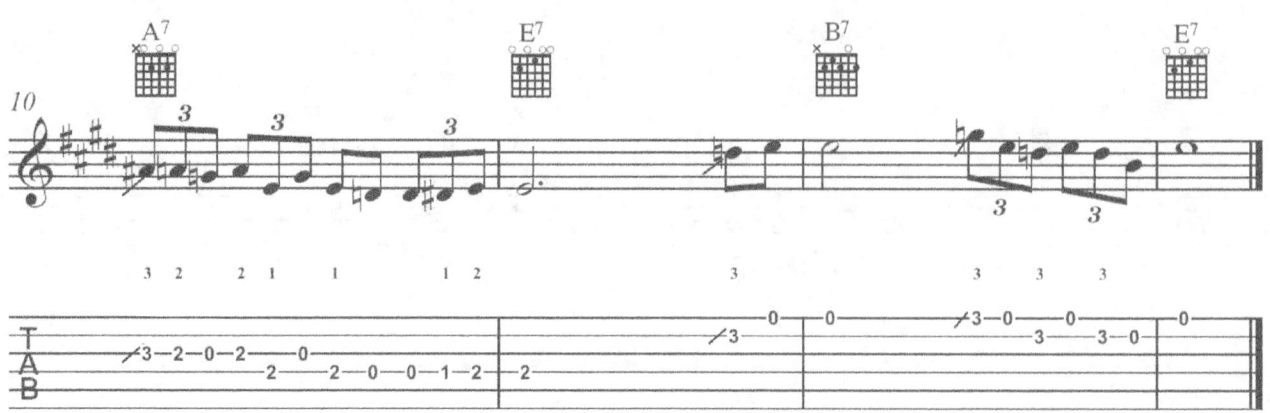

【捶弦】

捶弦，產生出來的表情又更不同了，它比較容易有一種跳動的感覺和振奮的情緒，一般來說，快節奏的藍調音樂中會有比較明顯突出的使用。當然輕捶也會有種平順舒緩的效果，連續的捶弦會比直接撥弦出來的旋律要來的圓滑。

A調 /

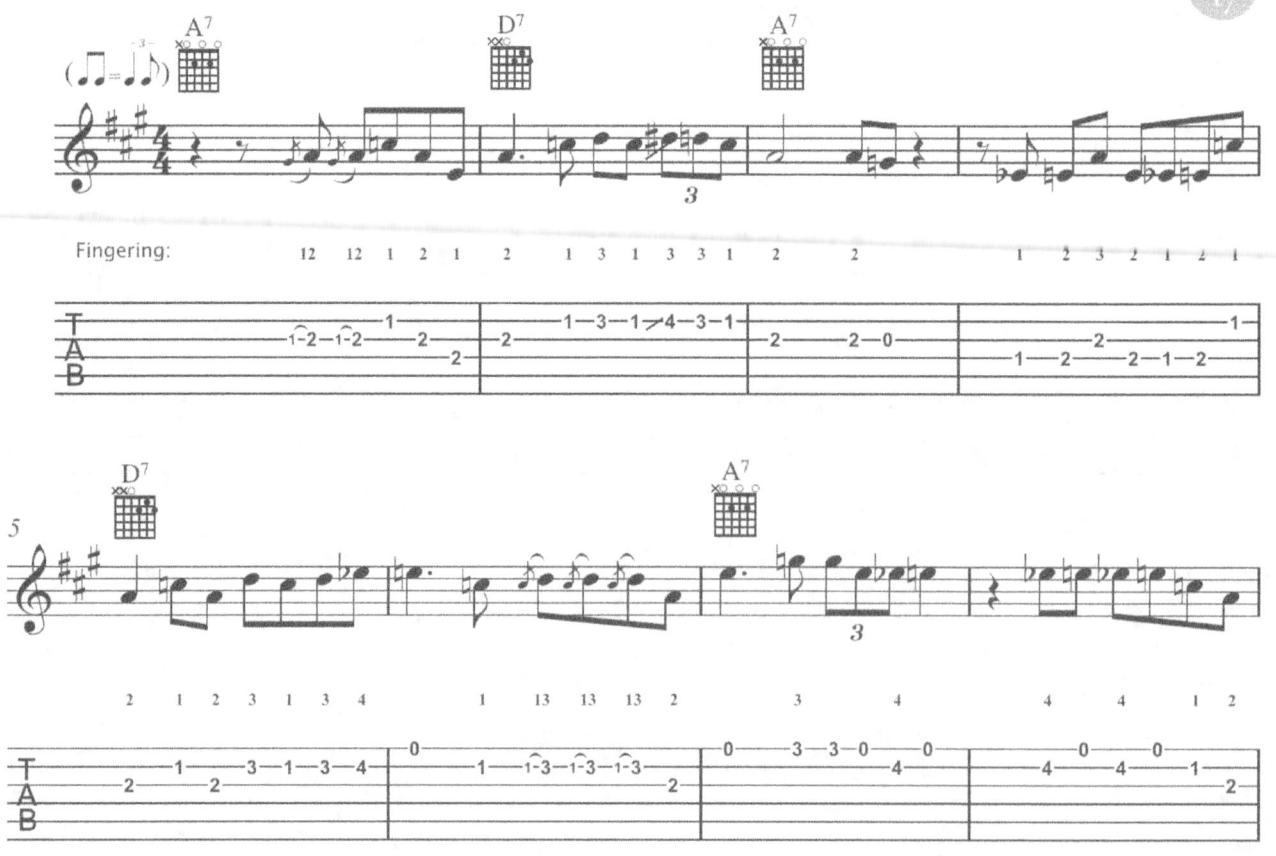

【勾弦】

勾弦，和捶弦產生出的表情類似，只是方向相反，捶弦是從低音進到高音，勾弦則是從高音進到低音。因此捶弦勾弦這兩個技巧常被放在一起連續使用，也就是所謂的「圓滑奏」。

A調 ∕

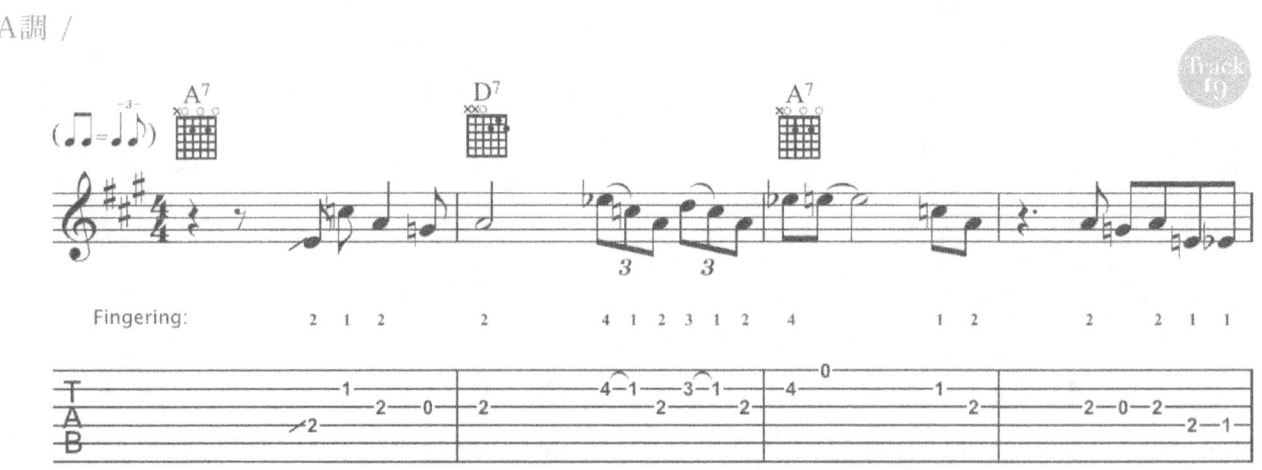

E調 /

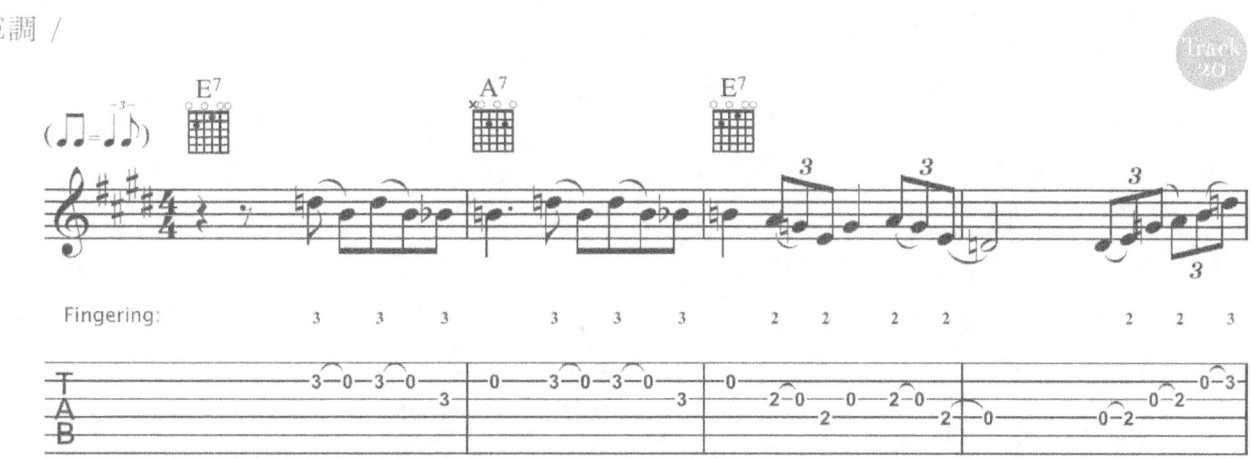

練 習 曲

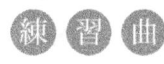

現在就把我們上面所學到的, 綜合來彈奏一首藍調練習曲吧！

A調 /

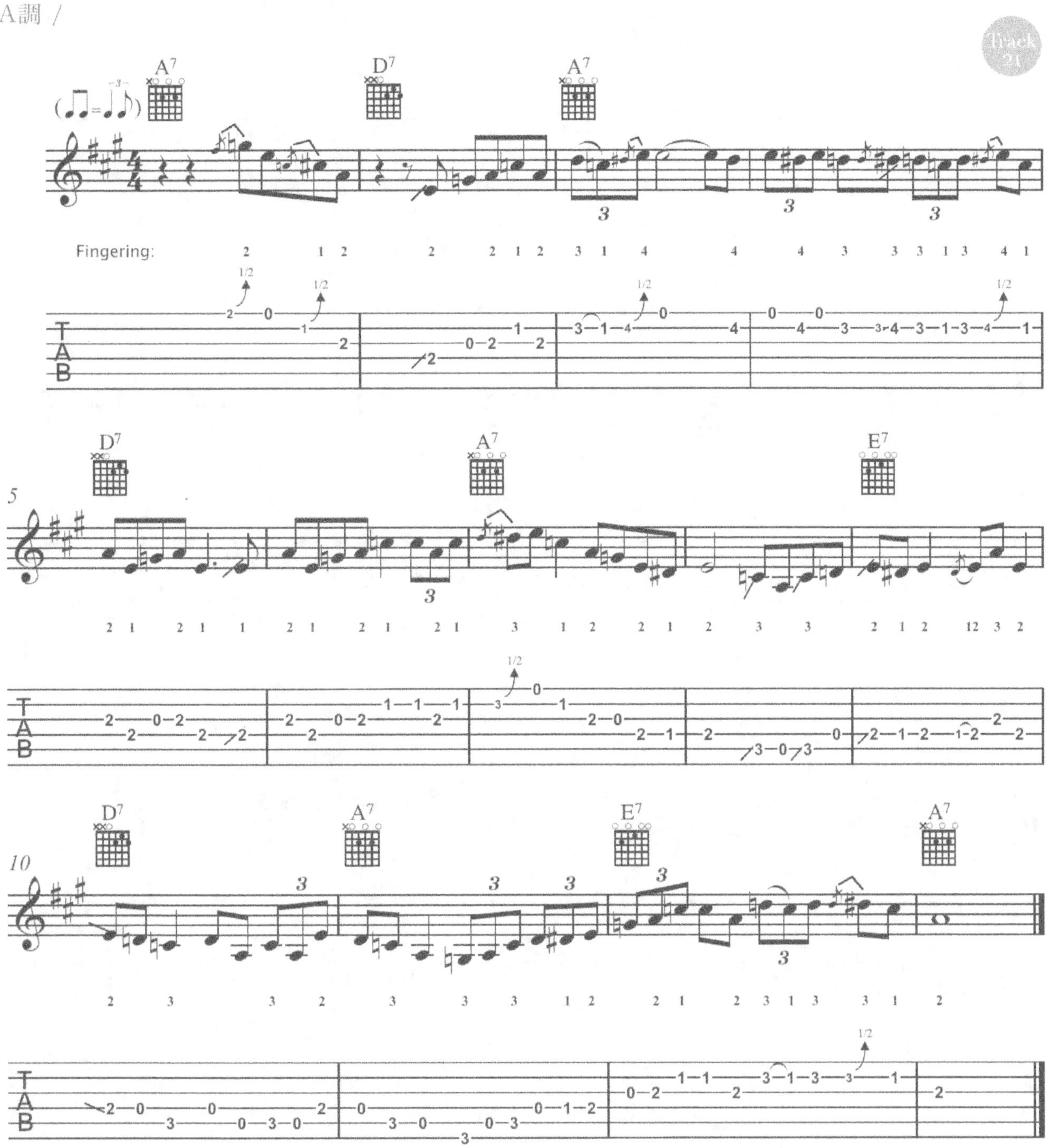

E調 /

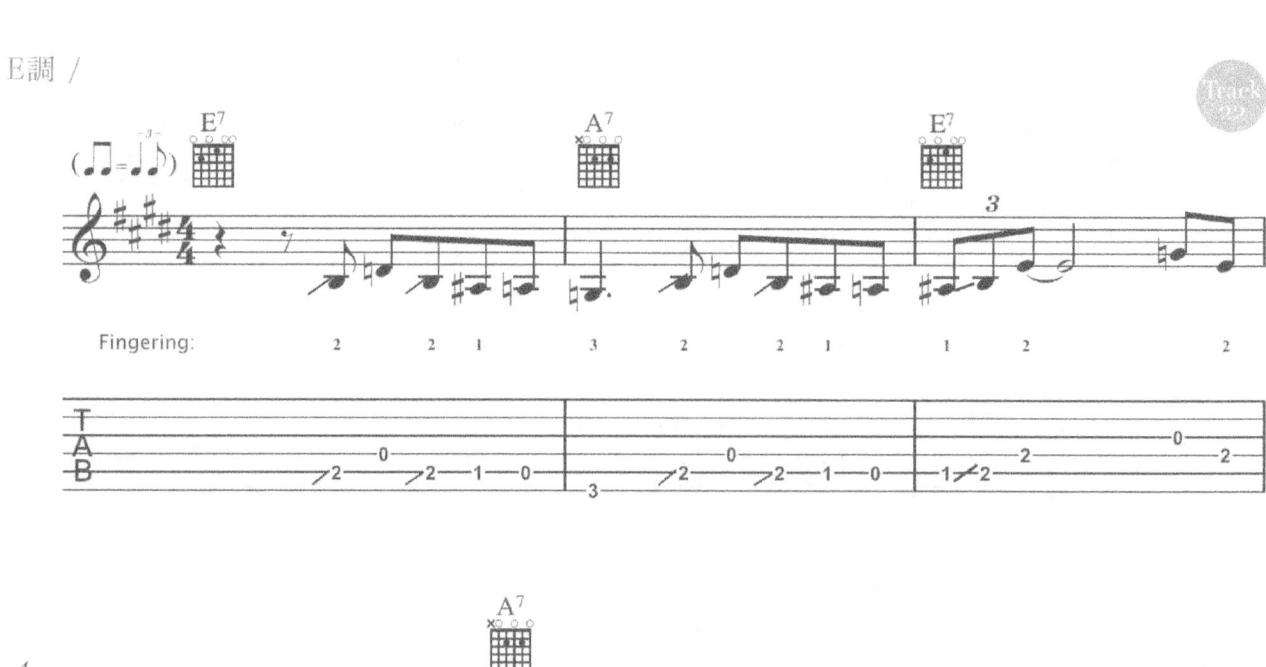

Fingering:

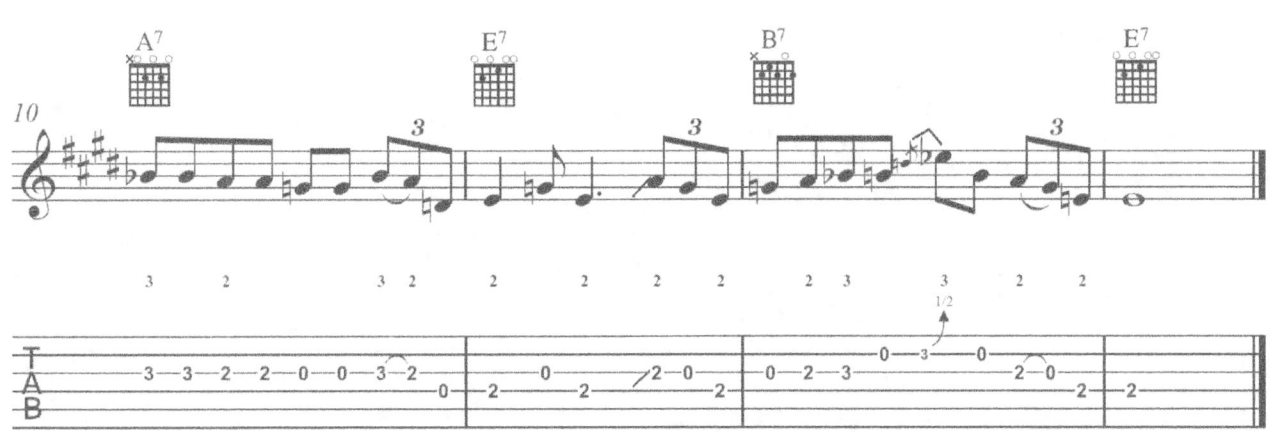

記憶吉他音階位置的救星！電吉他與木吉他通用！

如果你——

只想彈簡單的音符卻始終找不對位置

想從彈唱程度跳脫卻找不到方向

想即興Solo卻經常彈錯音符

手一滑到不同把位就彈不下去

一堆指型讓你越背越迷惑

想更了解吉他

「積木圖像記憶法」一本搞定所有難題！

>不拘時老師分享私房「積木圖像記憶法」吉他音階指型，
　有趣、好記、簡單，造福所有學習吉他的讀者！

>分基礎、練習、應用三階段，一本符合所有學習吉他音階
　指型者的需求。

>圖文示範明確、實用、簡單，隨時可在紙上手繪操作練習。

◇ 指彈演奏練習

筆者覺得一個人彈著自己的藍調音樂，更能顯出藍調裡的憂鬱情感呀！所以也覺得藍調相當適合拿來彈指彈的演奏。

在「吉他入門一本就上手」中有提到，最簡單的演奏曲方式就是**旋律線加上根音的兩聲部演奏**，因此我們就用上面所學到的藍調基礎，來彈彈簡單的兩聲部藍調指彈演奏吧！

A調 /

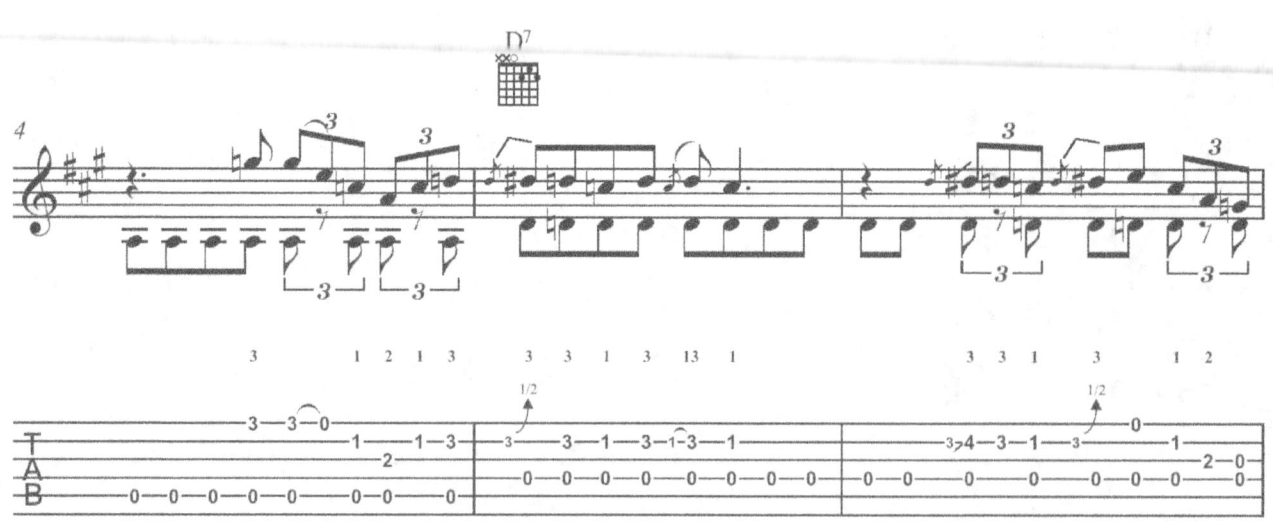

E調 /

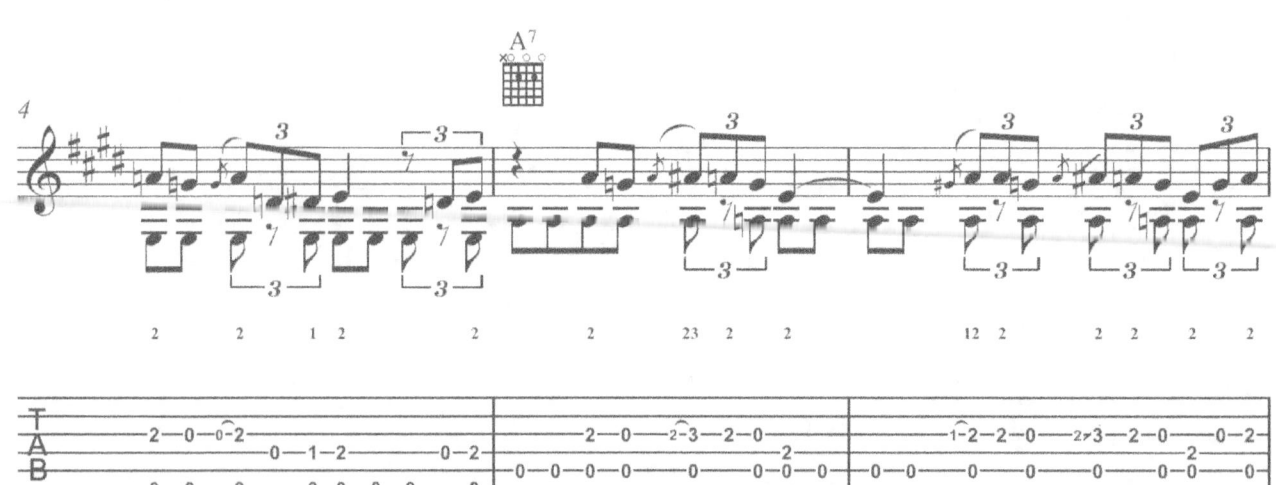

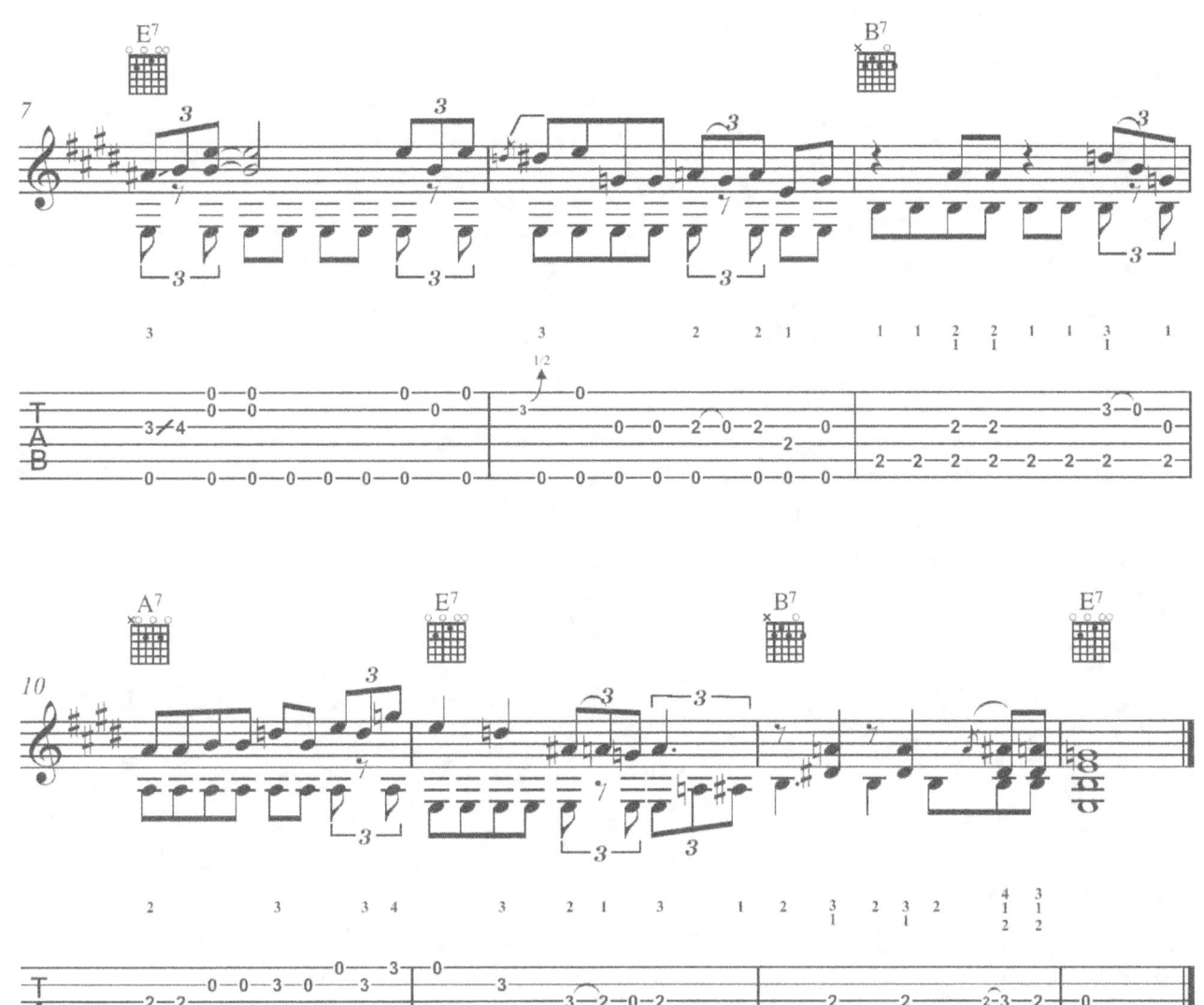

Solo Fingerstyle

Blues Guitar

活用開放音與轉位和弦，
可以讓我們在彈奏藍調音樂時，
旋律的進行更加順暢，
而且聽覺上也會有不同的聲響。

第 2 篇

豐富你的藍調彈奏

◎ 多種藍調節奏風格

藍調節奏如果以節拍的音樂感覺來區分, 除了前面最基本的Shuffle以外, 大致上還有其他4種的基本節奏:

【Straight-four】

這種就是把原本Shuffle中一長一短的八分音符, 變成一般平均分散在拍點上的八分音符, 也就是像一般音樂中沒有附點的八分音符節奏。

下面的兩聲部演奏範例, 我們加入了吉他的**擊弦**技巧來增加這種節奏感, 如果對於擊弦技巧不熟的朋友, 可以先緩慢的彈奏看看, 或是參考一般教材的擊弦練習。

A調 /

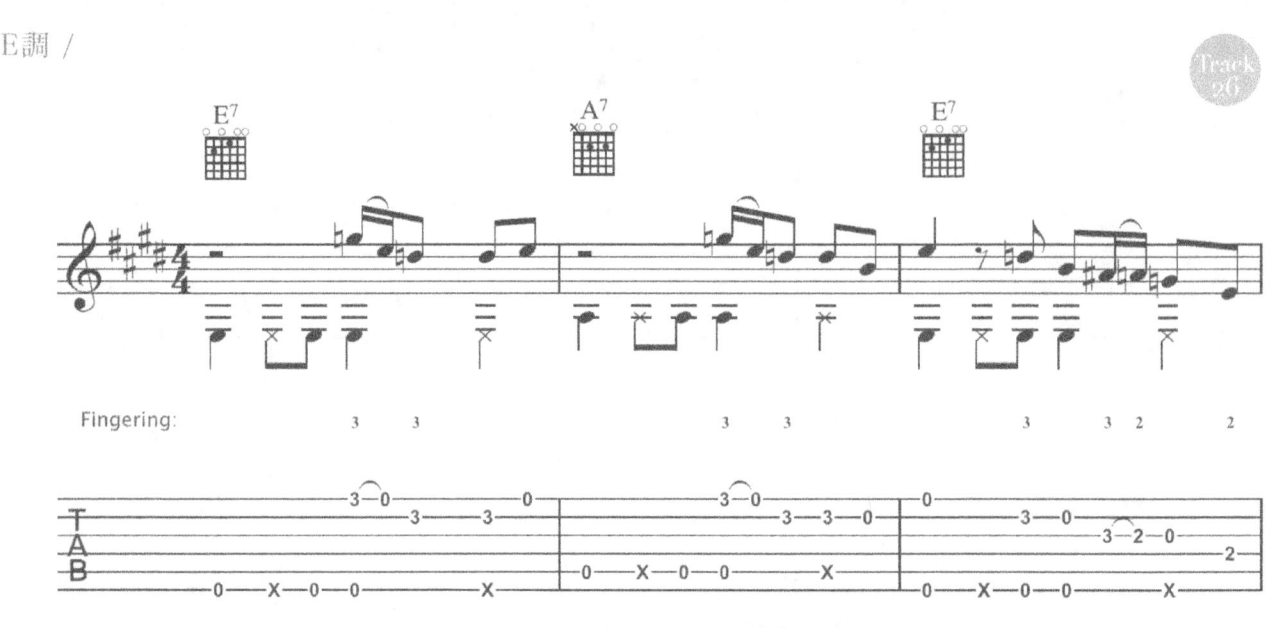

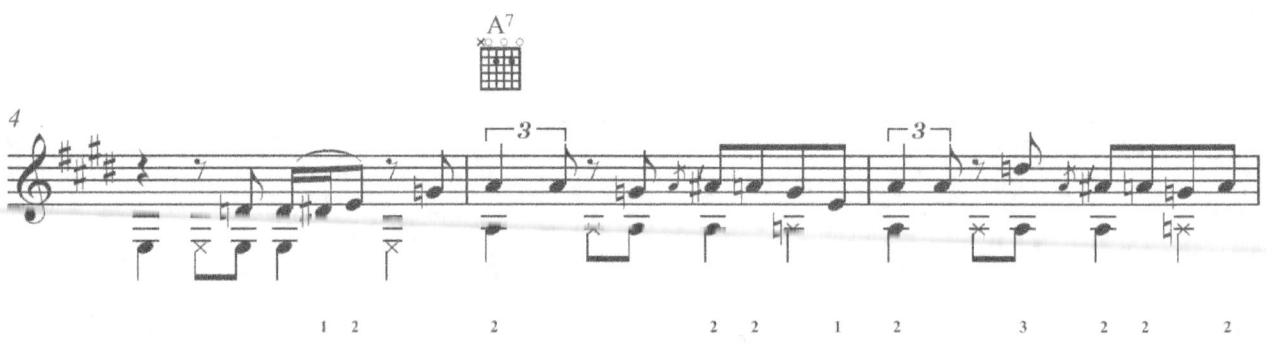

E調 /

Fingering:

【12/8】

拍號為12/8拍的節奏,就是把八分音符當做一拍,而一小節的長度就是12拍的長度。這種節奏通常出現在慢板的藍調裡,也可以想成是原本的4/4拍,但是每拍都是八分音符三連音的感覺。

A調 /

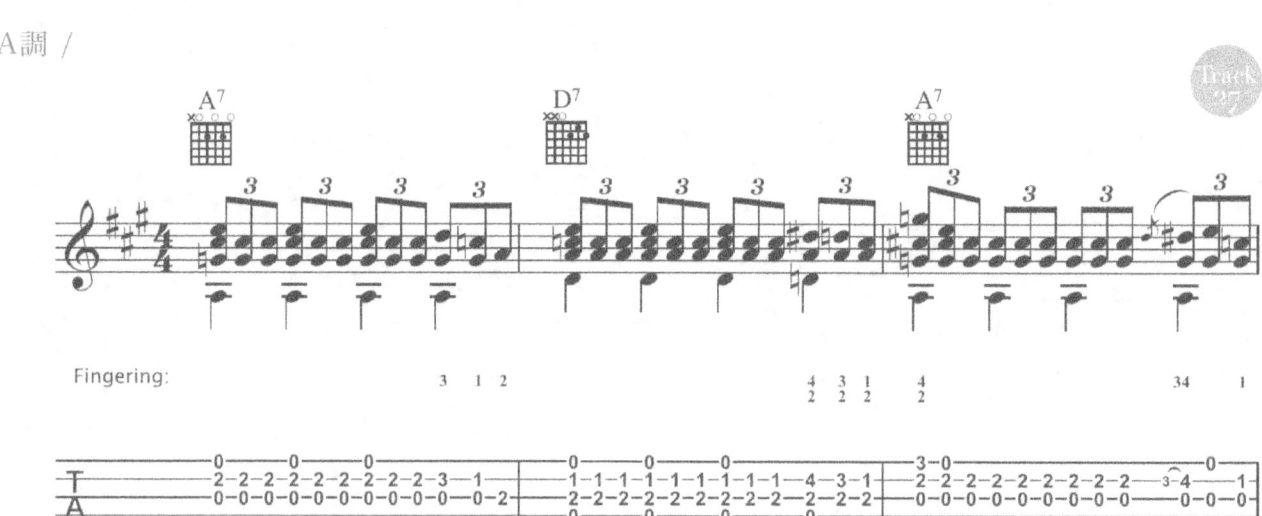

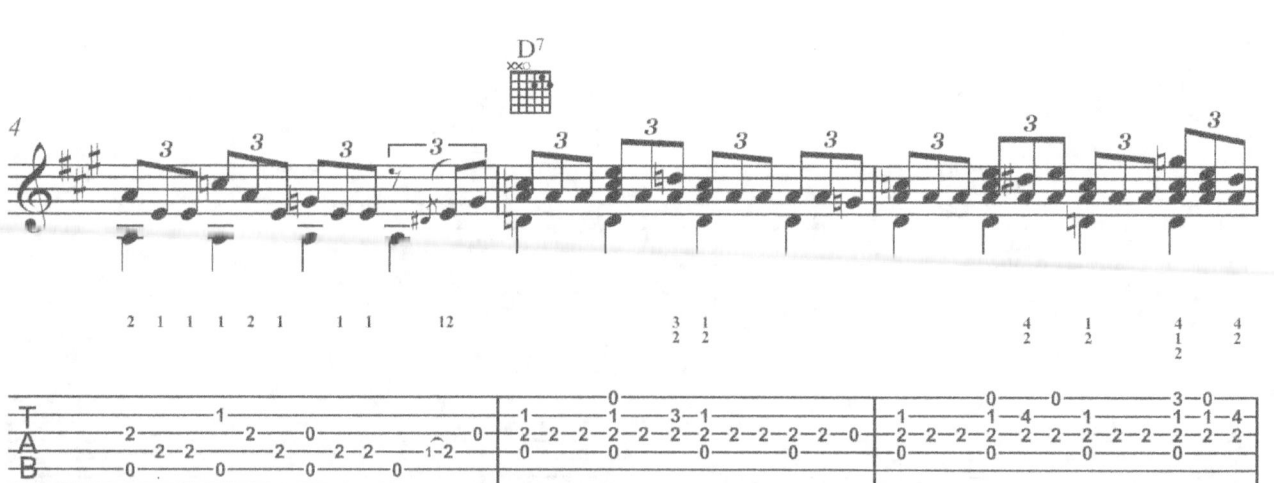

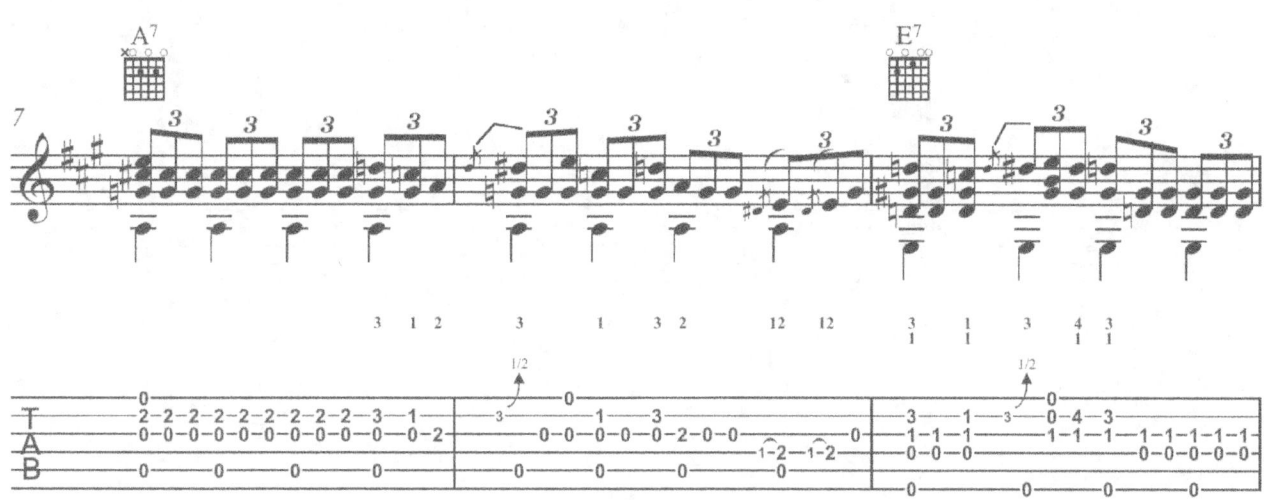

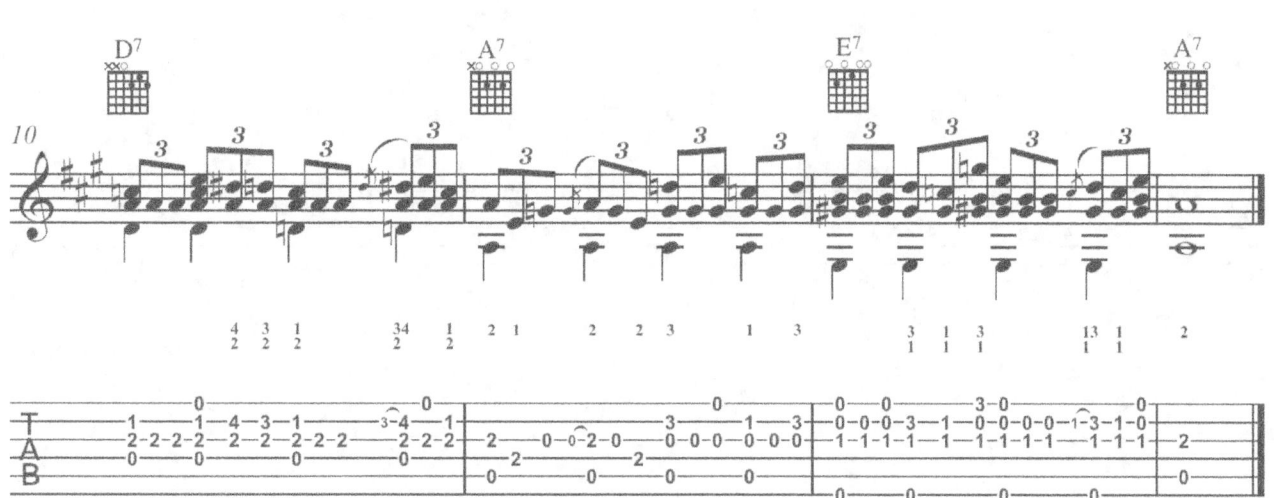

E調 /

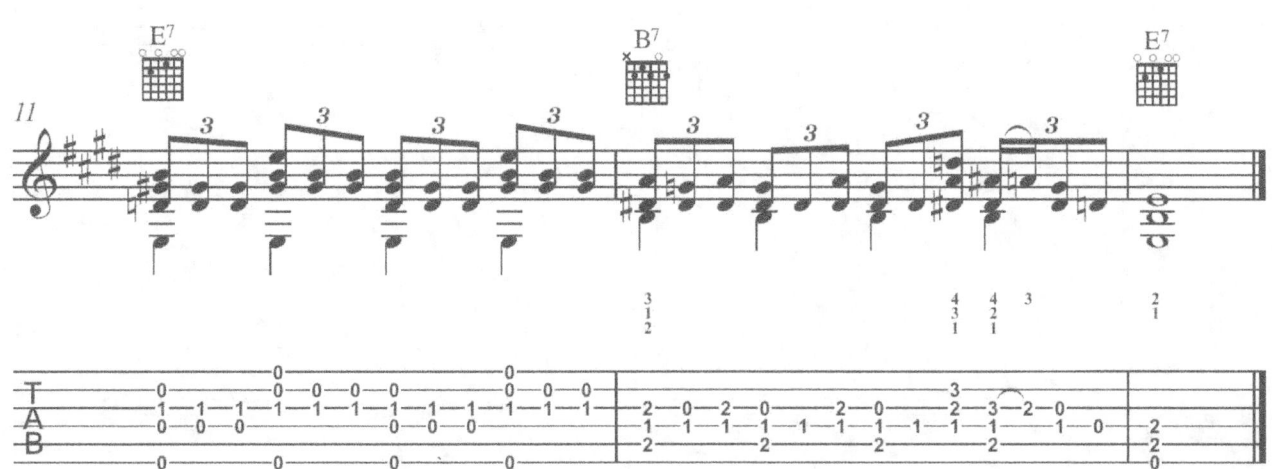

【Two-beat】

也就是兩拍的節奏感,這種節奏系統是來自爵士音樂中的快板節奏,雖然譜上是44拍,但是會跟著bass的節奏形態來數1-2-1-2,因此藍調中使用此種節奏的也多是快板歌曲。

A調 ∕

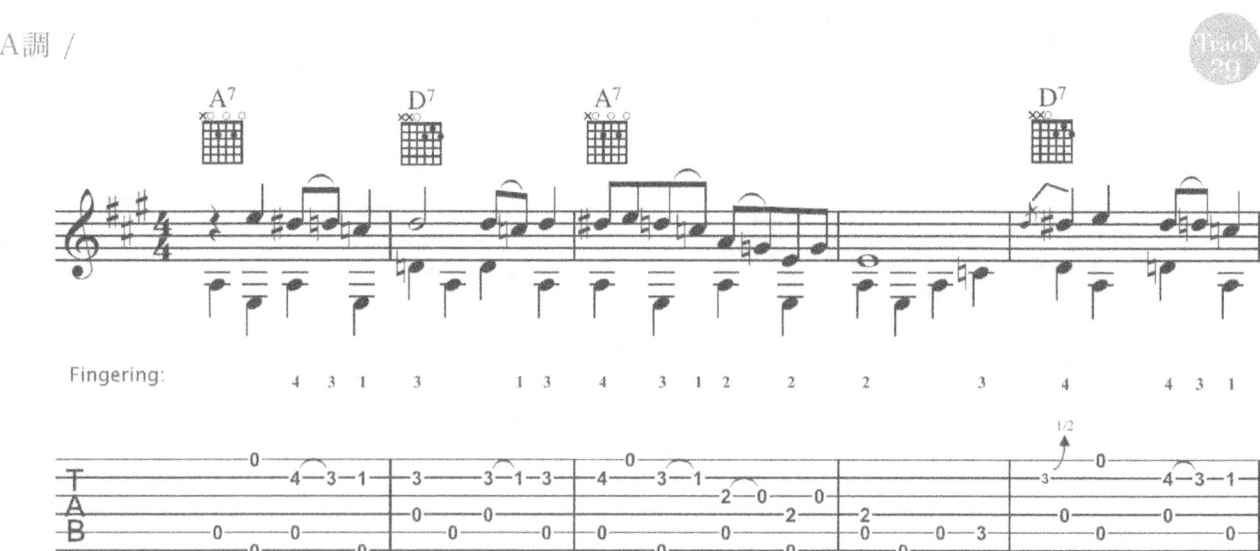

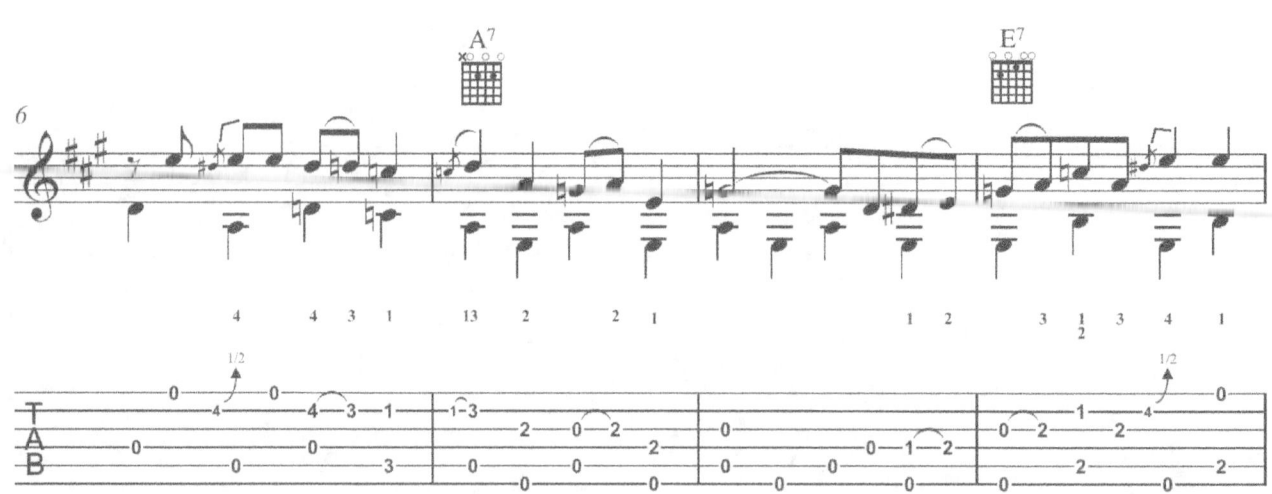

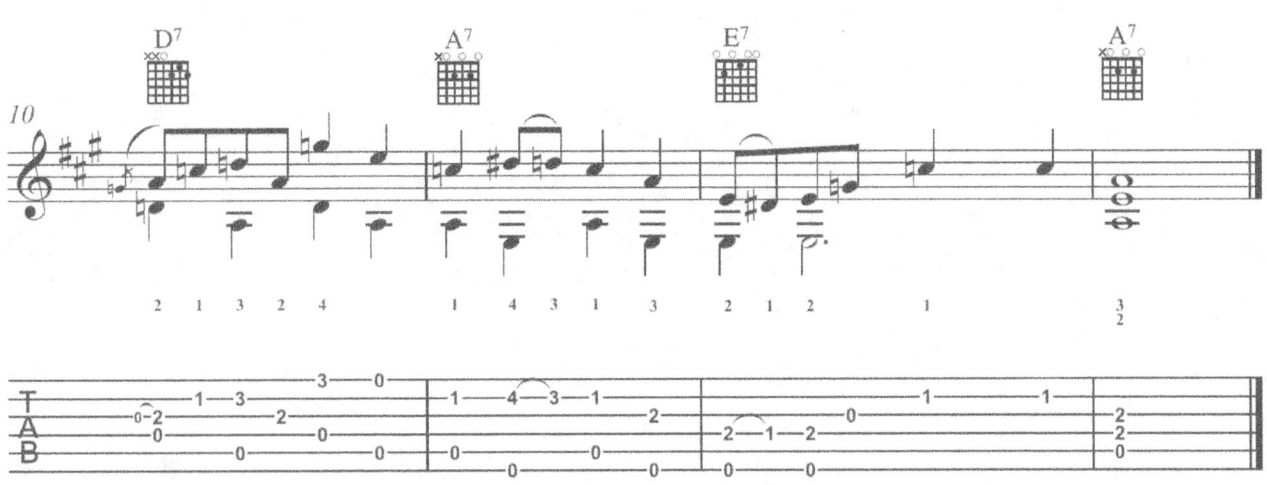

E調 /

Fingering:

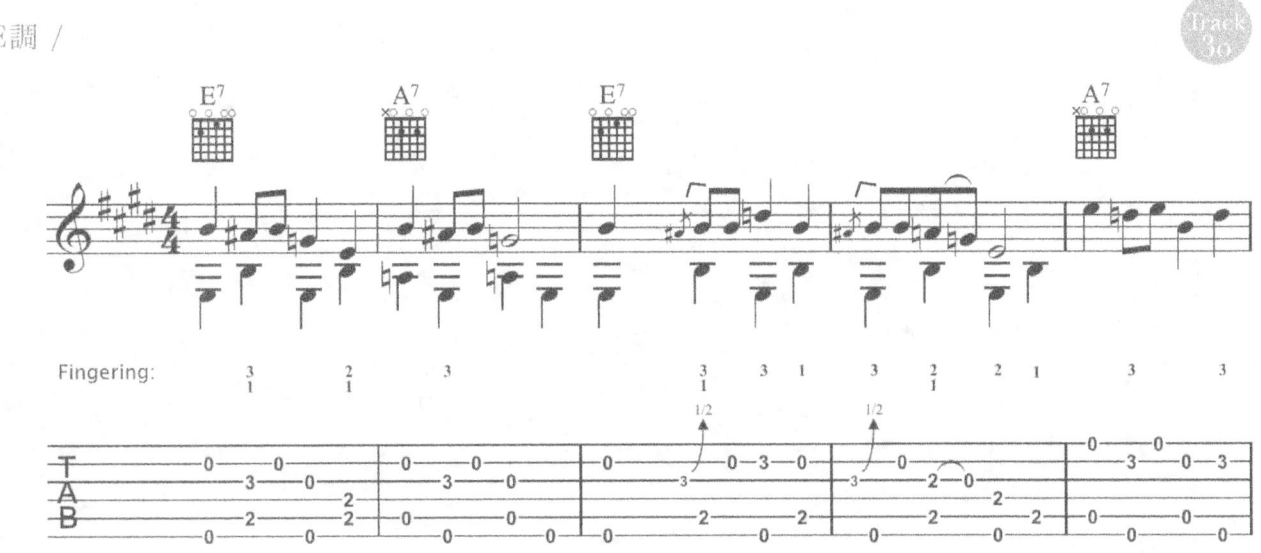

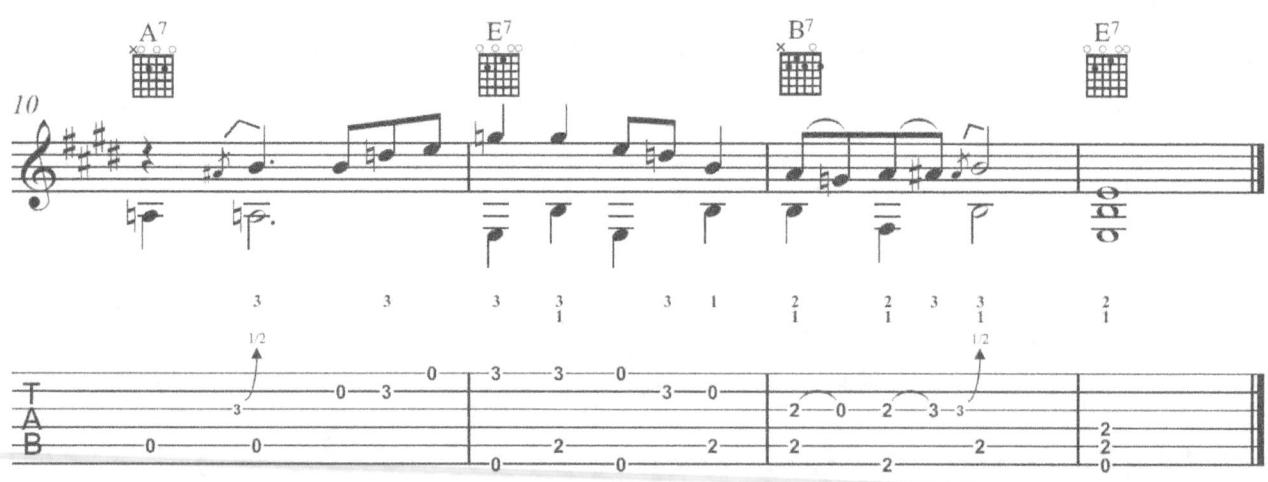

【16 feel 】

這就是使用16分音符的節奏了,可以讓藍調音樂有放克(funky)的輕快俏皮感,在音樂速度上大多是出現在中板上。

A調 /

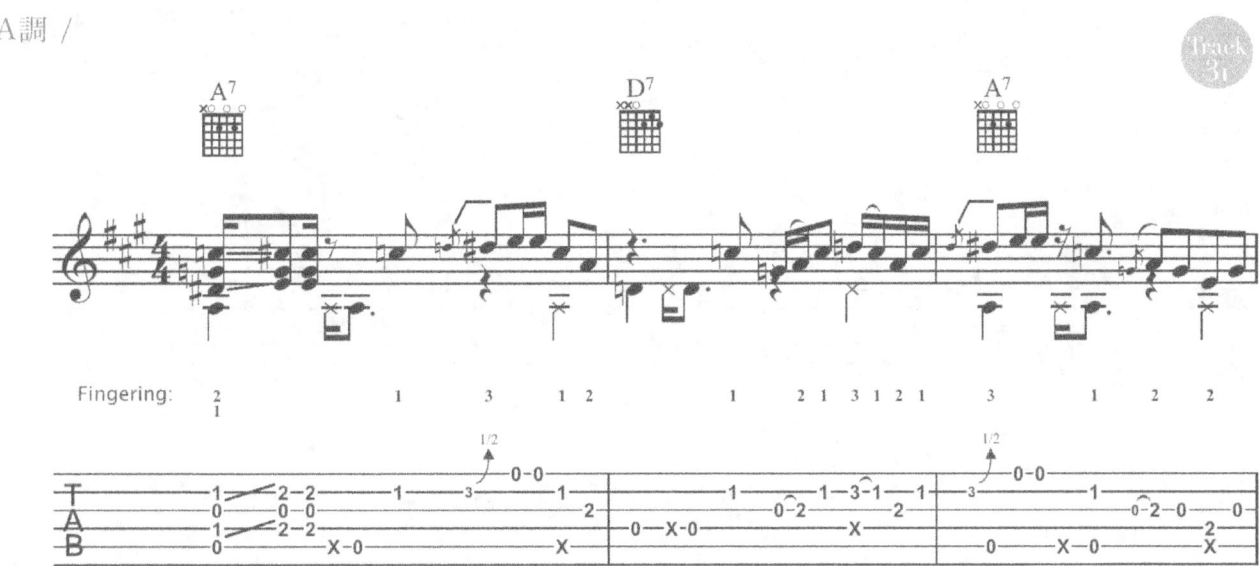

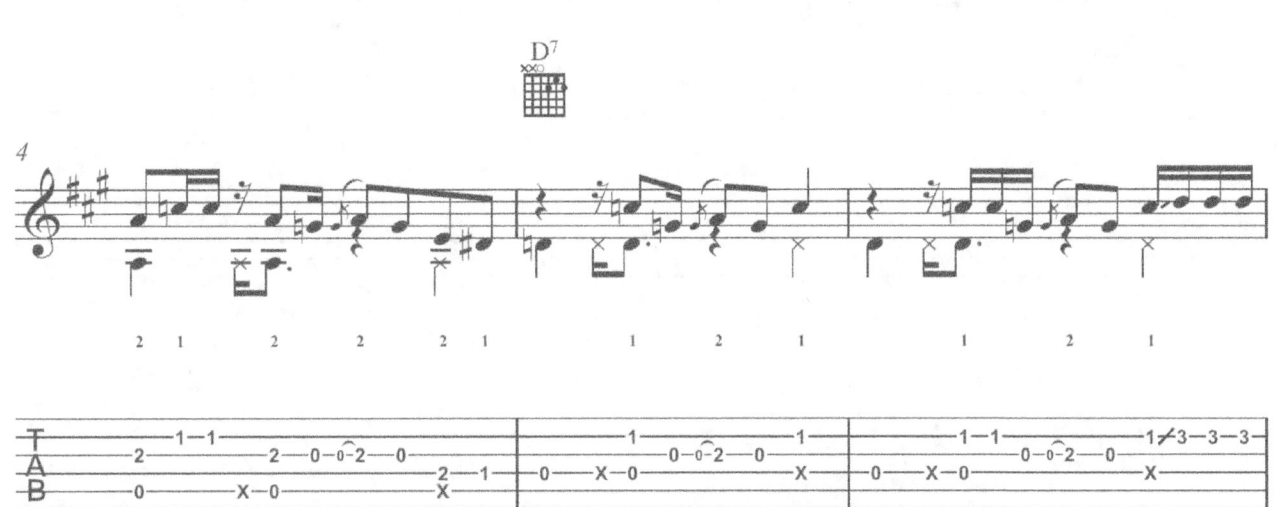

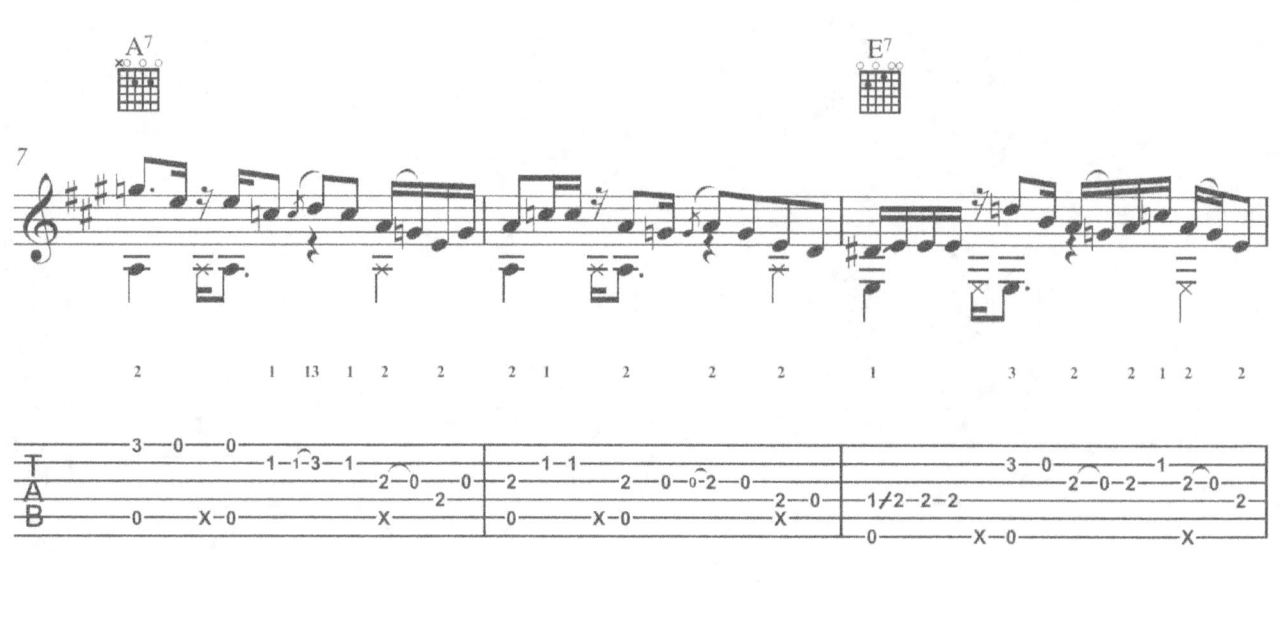

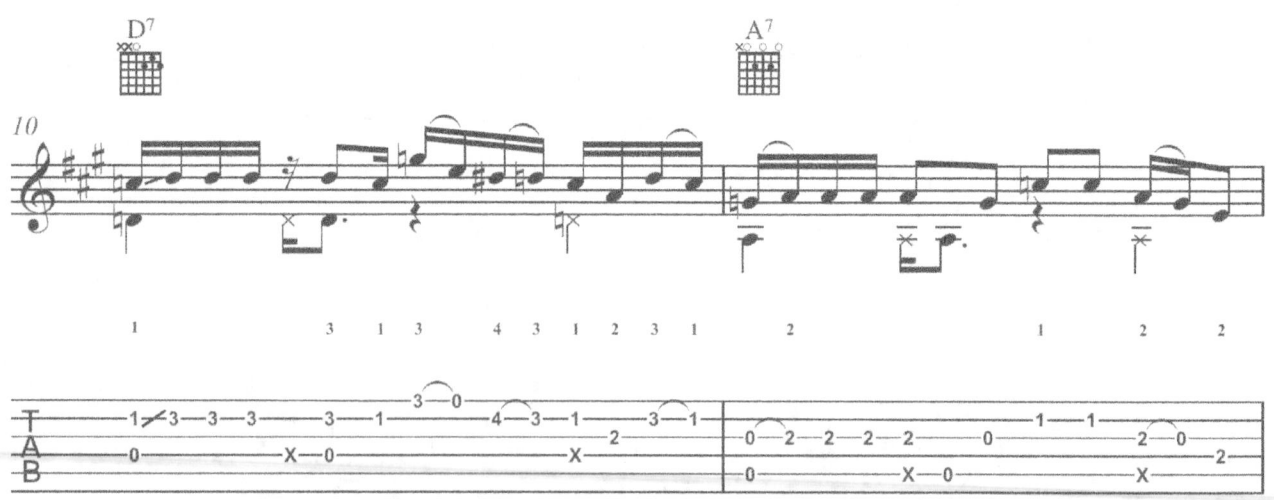

E調 /

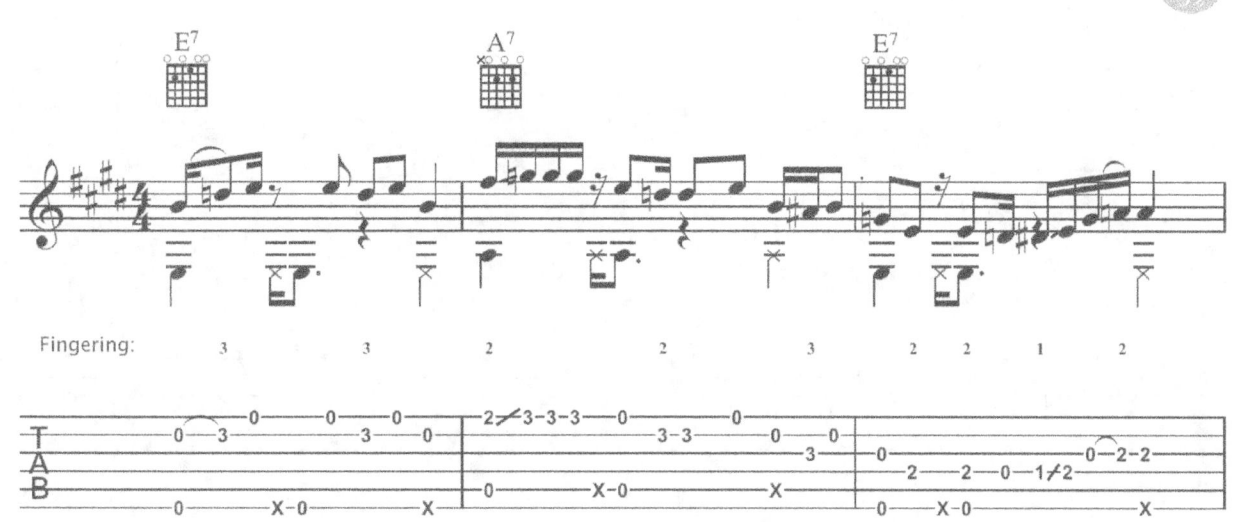

◈ 開放音的應用

活用開放音,可以讓我們在彈奏音樂時,旋律的進行更加順暢,而且聽覺上也會有不同的聲響。指彈吉他的彈奏經常需要包辦高中低音聲部,因此多使用開放音是非常好的方式,就像我們經常選擇A調與E調來彈奏藍調就是有這類的考量。

在一般調弦法下的開放音是,E B G D A E,我們可以看看在彈奏時可以怎麼使用。

< A調時 >:

A7

以第I級的A7和絃來說,第五弦的A是根音,第四弦的D是4音,第三弦G是♭7音,第二弦B是9(2)音,第一弦E是5音。因此在彈奏第一個和絃A7時,**第一二三弦的開放音都可以利用**,第四弦的D因為是4音,因此利用時就比較有限制。

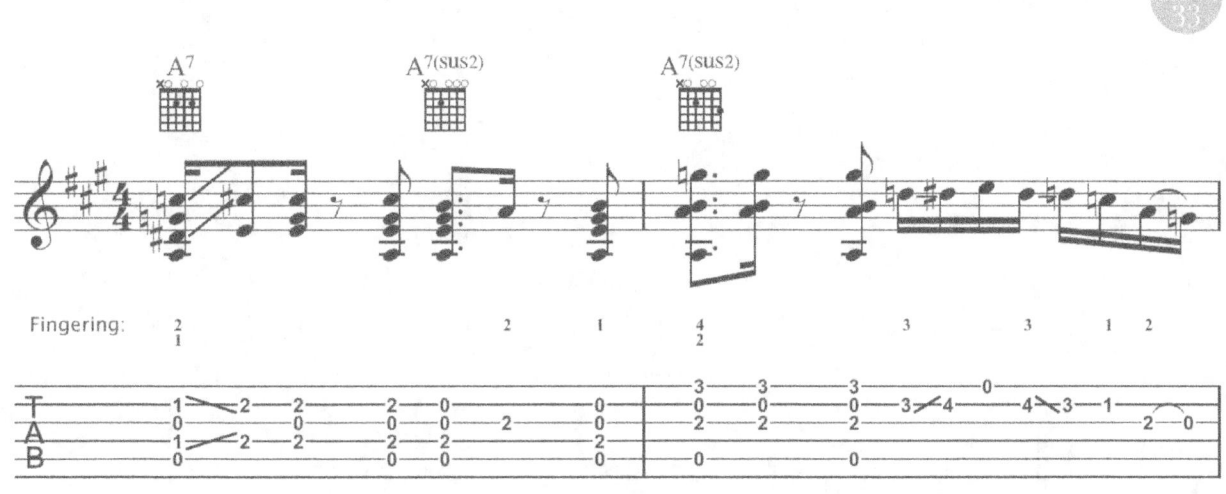

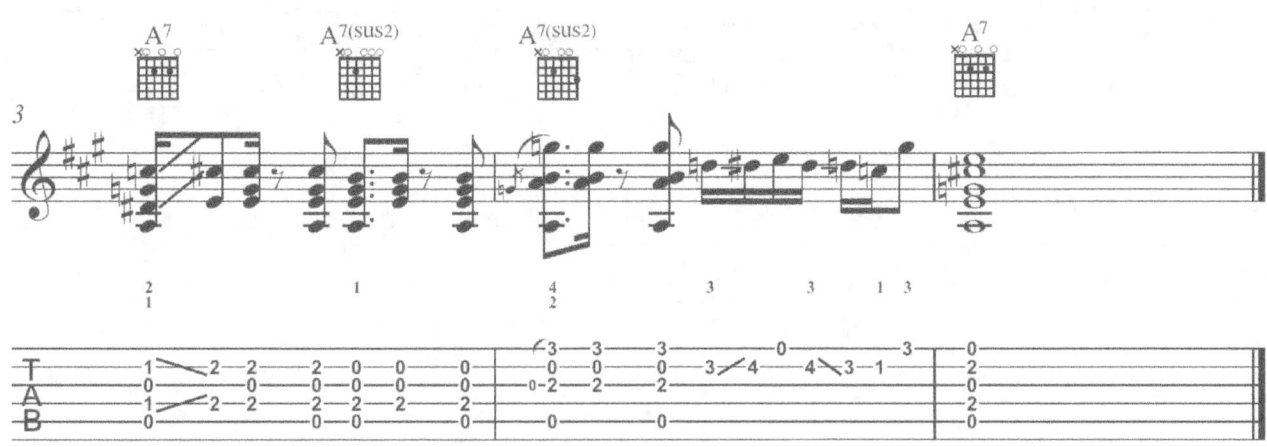

D7

以第IV級D7和絃來說，第四弦的D是根音，第三弦G是4音，第二弦B是6音，第一弦E是9(2)音。因此在彈奏第二個和絃D7時，**第一二弦的開放音都可以利用**，第三弦的G因為是4音，因此利用時就比較有限制。

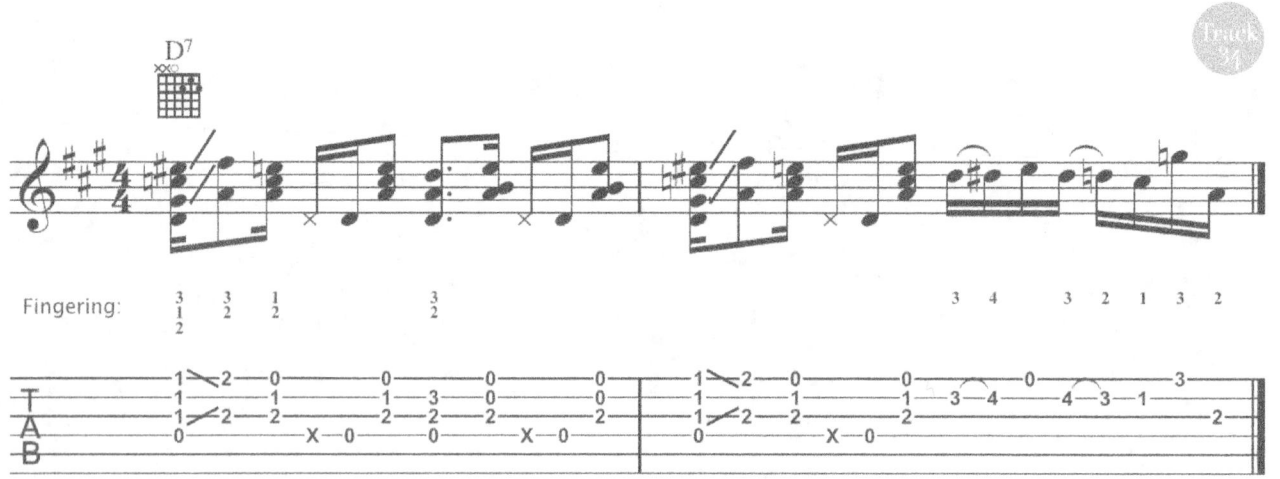

E7

以第V級E7和絃來說，第六弦的E是根音，第五弦的A是4音，第四弦的D是b7音，第三弦G是b3音，第二弦B是5音，第一弦E是根音。因此在彈奏第三個和絃E7時，**第一二四弦的開放音都可以利用**，第五弦的A因為是4音，以及第三弦的G是b3音，因此利用時就比較有限制。

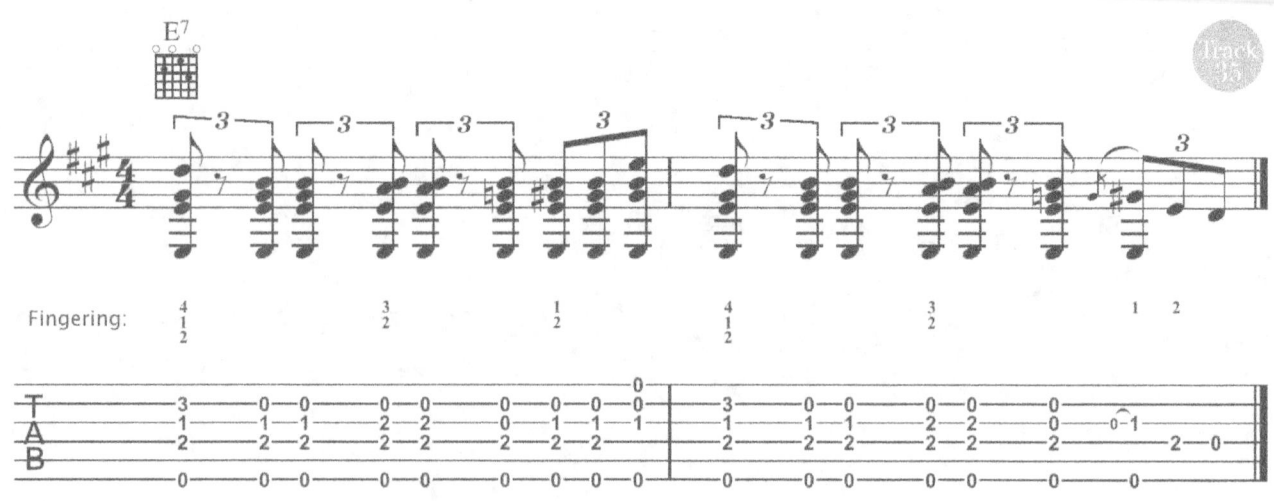

開放音的加入常可以讓我們彈奏時可以做大範圍的把位移動,大家練習時可以
多加嘗試。

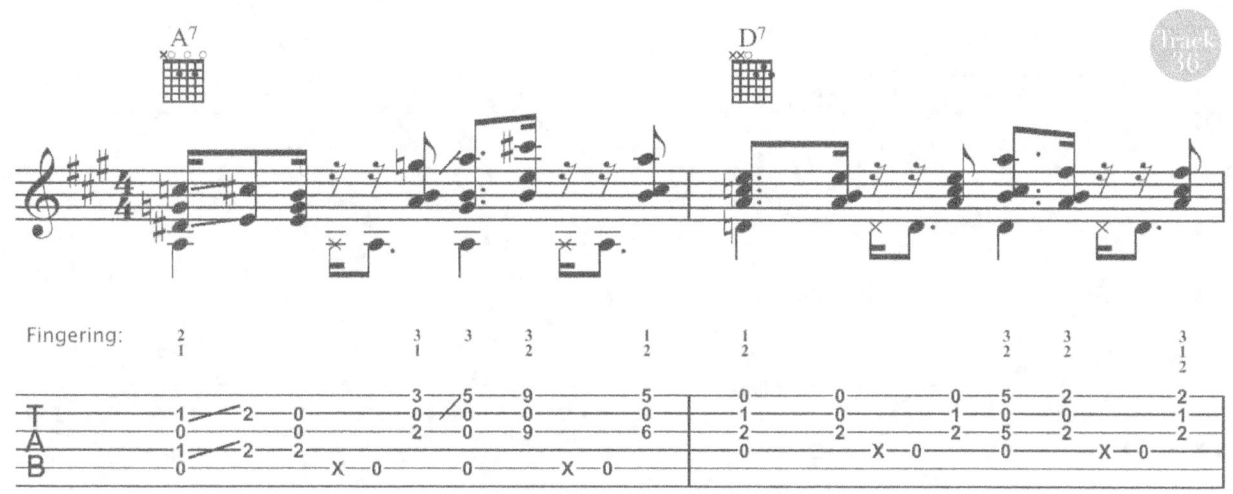

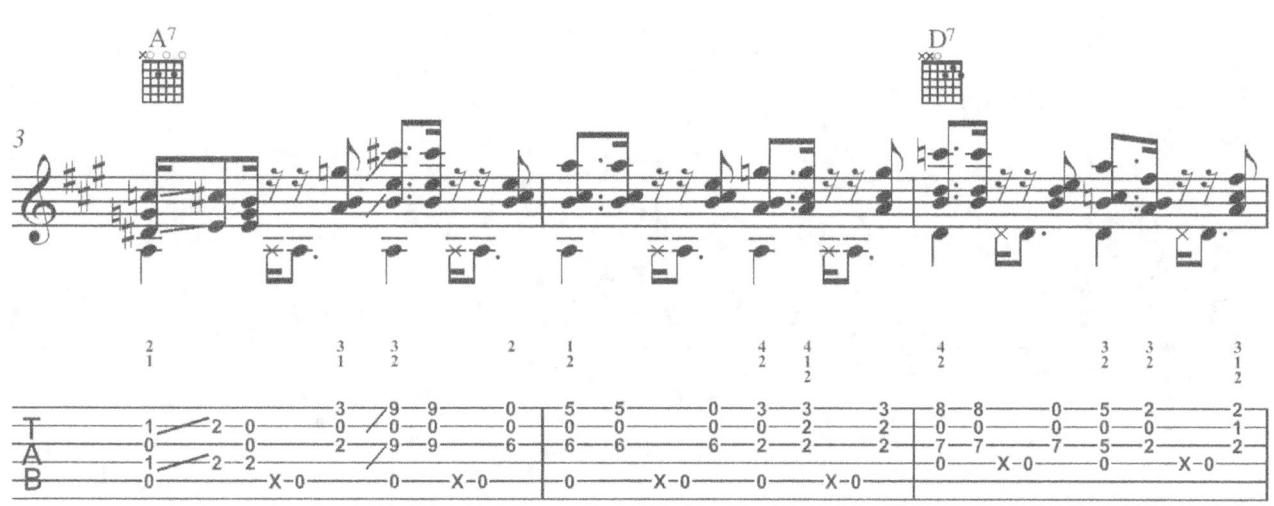

< E調時 > :

B7

第Ⅴ級B7和絃來說，第五弦必須按住的B是根音，第四弦的D是b3音，第三弦G是b6音，第二弦B是根音，第一弦E是4音。因此在彈奏第三個和絃B7時，**只有第二弦的開放音可以利用**，其他弦利用時就比較有限制。

練習曲

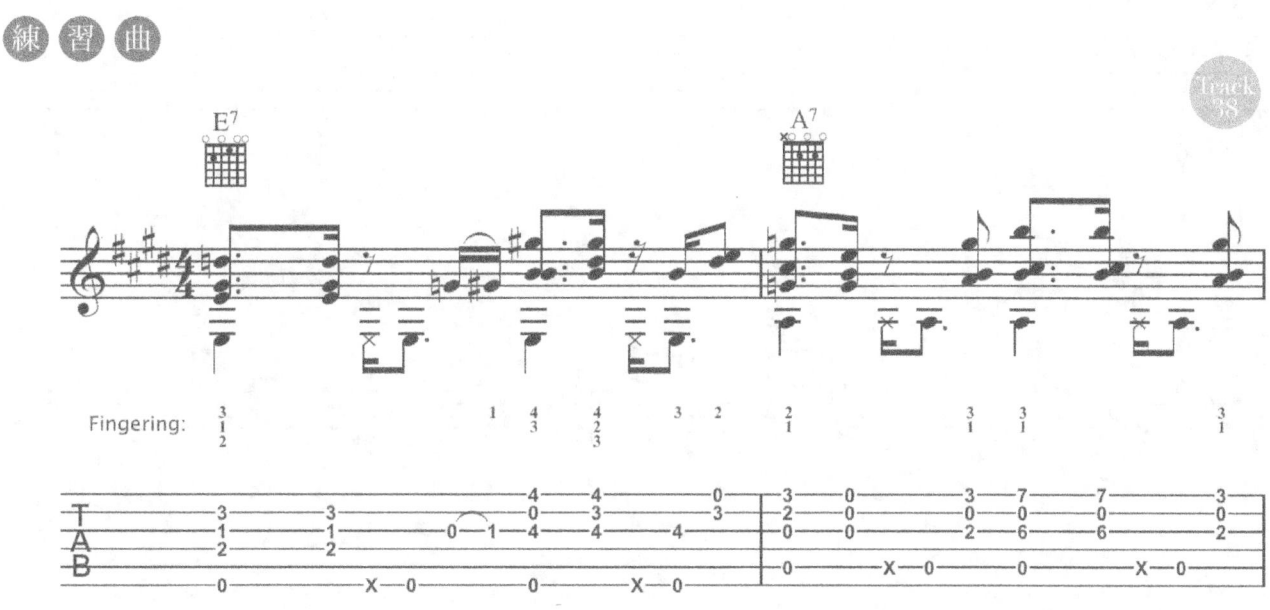

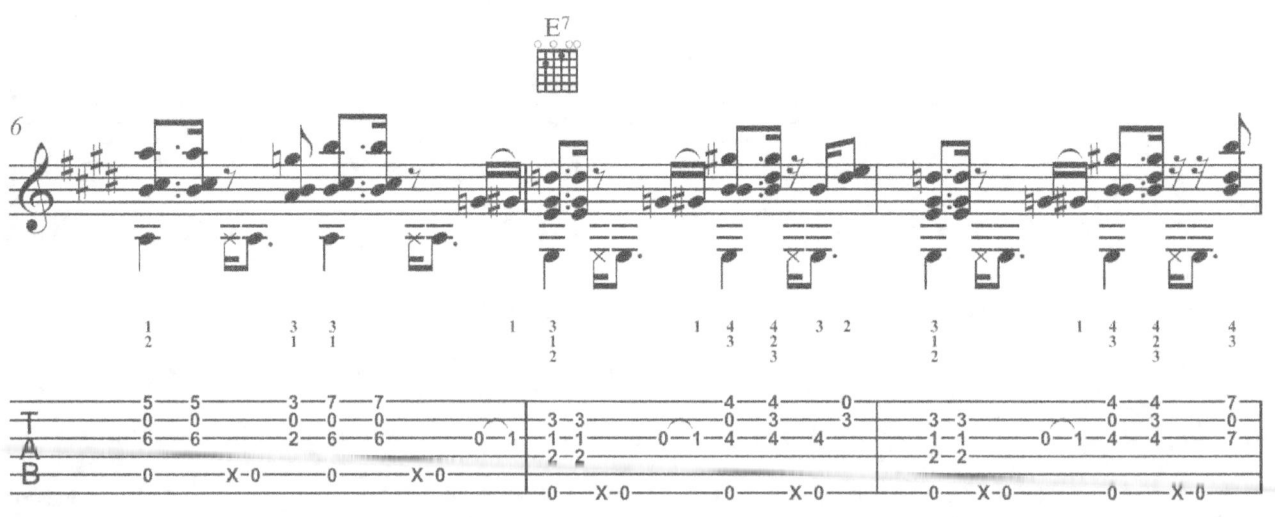

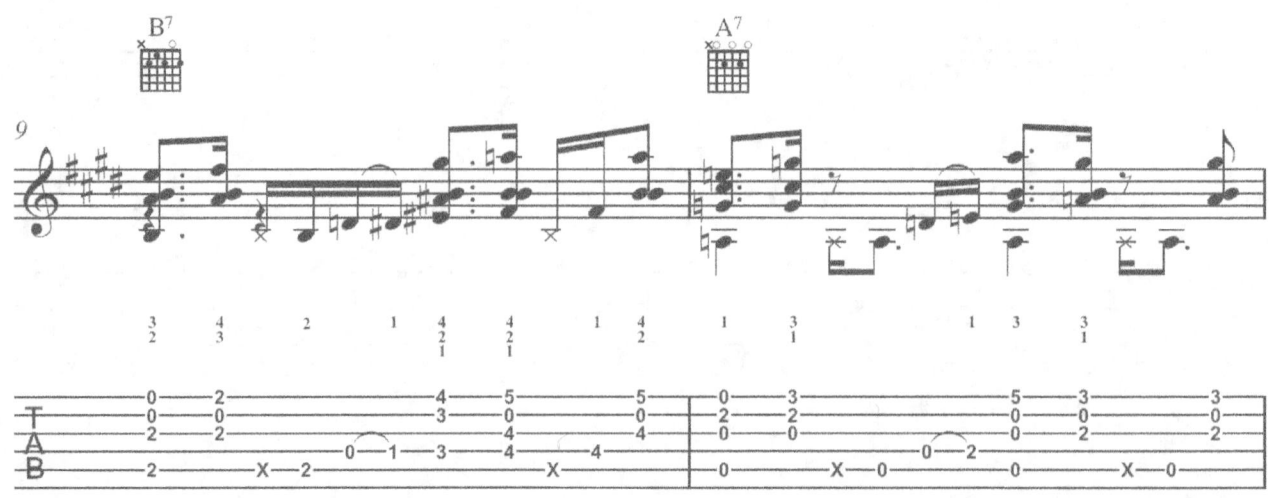

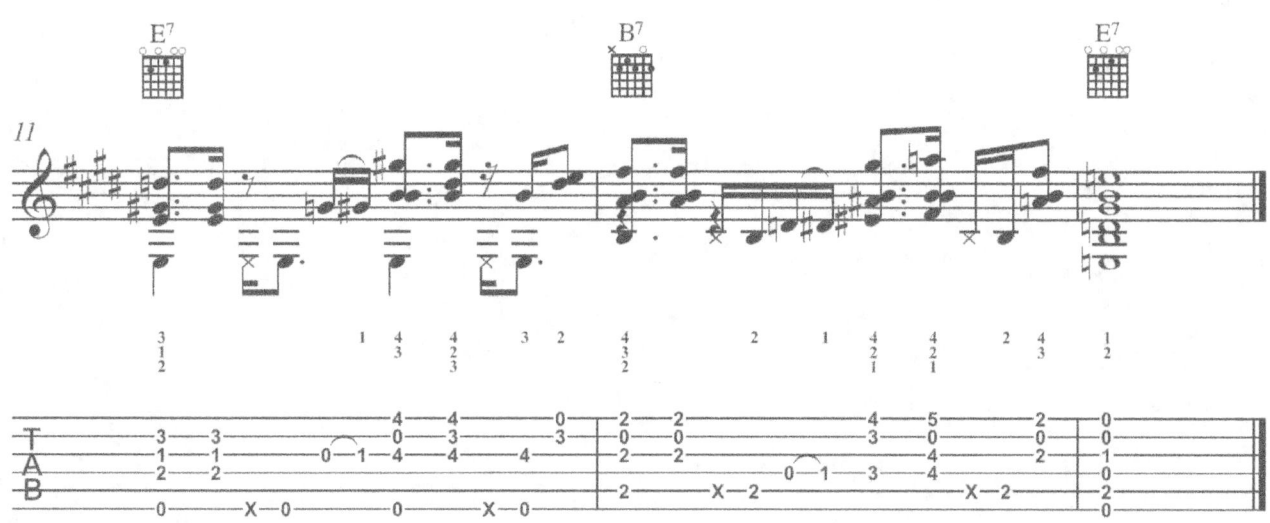

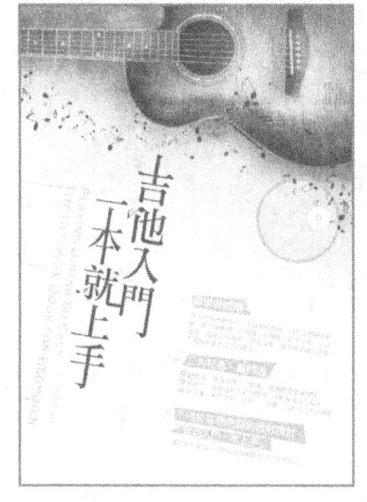

輕鬆擁有三大方向的吉他入門能力,簡易彈奏各種曲譜不求人!

> 超實用:從零開始,著重吉他入門彈奏,刪除艱深樂理說明。

> 超有趣:單音旋律、伴奏、小演奏,三大方向多元教學。

> 超明瞭:彈奏者視角範例圖片,一看就懂清楚易學。

因現在網路上的流行歌譜取得容易,本書不收錄大量的流行
歌曲樂譜,主要針對從零開始的入門者的基礎彈奏和讀譜做
更多說明,解決入門者常見問題。

從最重要的先拿好吉他、彈彈看開始,教你看簡譜、五線譜、
六線譜,進而伴奏、自彈自唱,配合歌者移調,進化到變聲部、
簡易演奏,循序漸進讓你簡單又輕鬆的進入吉他的世界!

◇ 轉位和絃的應用

轉位和絃是將和絃最低音的根音改用其他的組成音當作最低音使用,除了像開放音一樣可以讓我們彈更多的把位變化外,它更可以讓我們針對低音部做出不同於單音進行的低音旋律線,當然也可以增加不同的聲響效果,讓同一和絃進行下不至於太單調。更多的轉位和弦使用方式與說明可以參考筆者另一本著作:「**流行音樂的特殊和絃進行訓練筆記**」。

【A7的原位與轉位】

1-根音, 3-三音, 5-五音, ♭7-七音

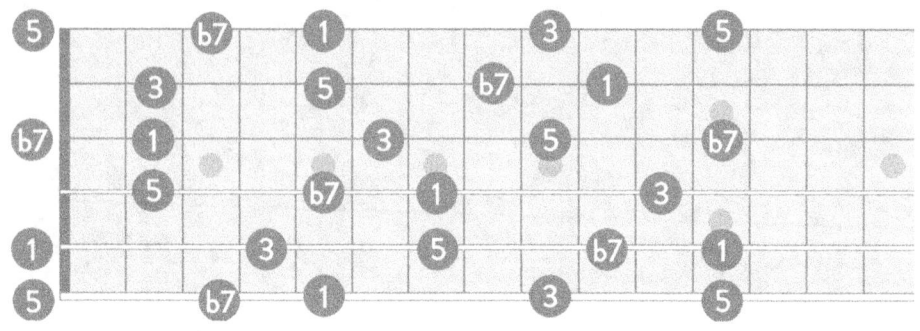

三音放在最低音–第一轉位

五音放在最低音–第二轉位

七音放在最低音–第三轉位

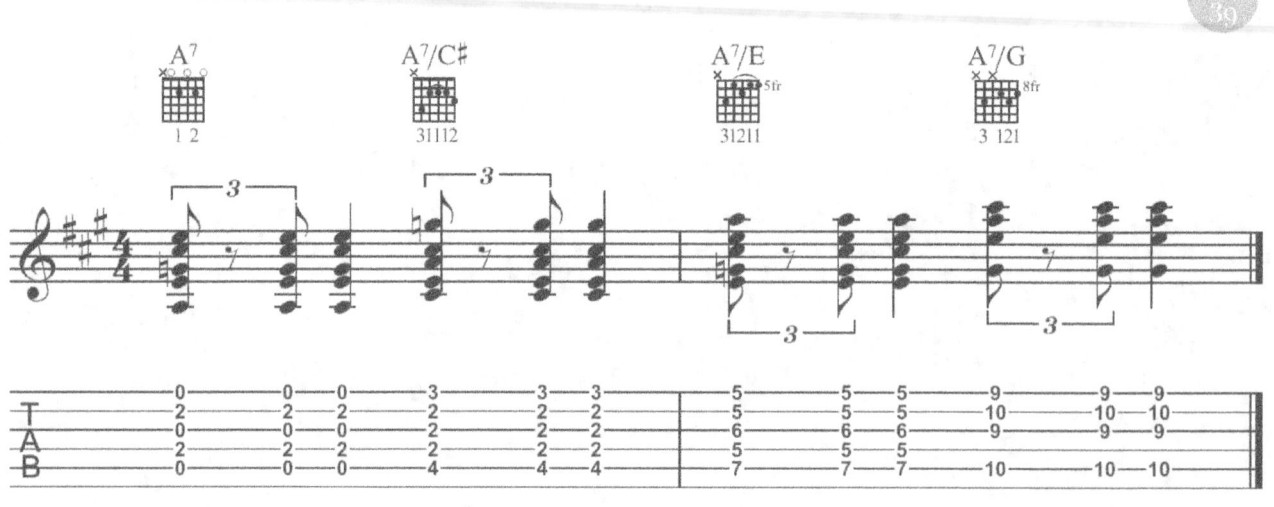

【D7的原位與轉位】

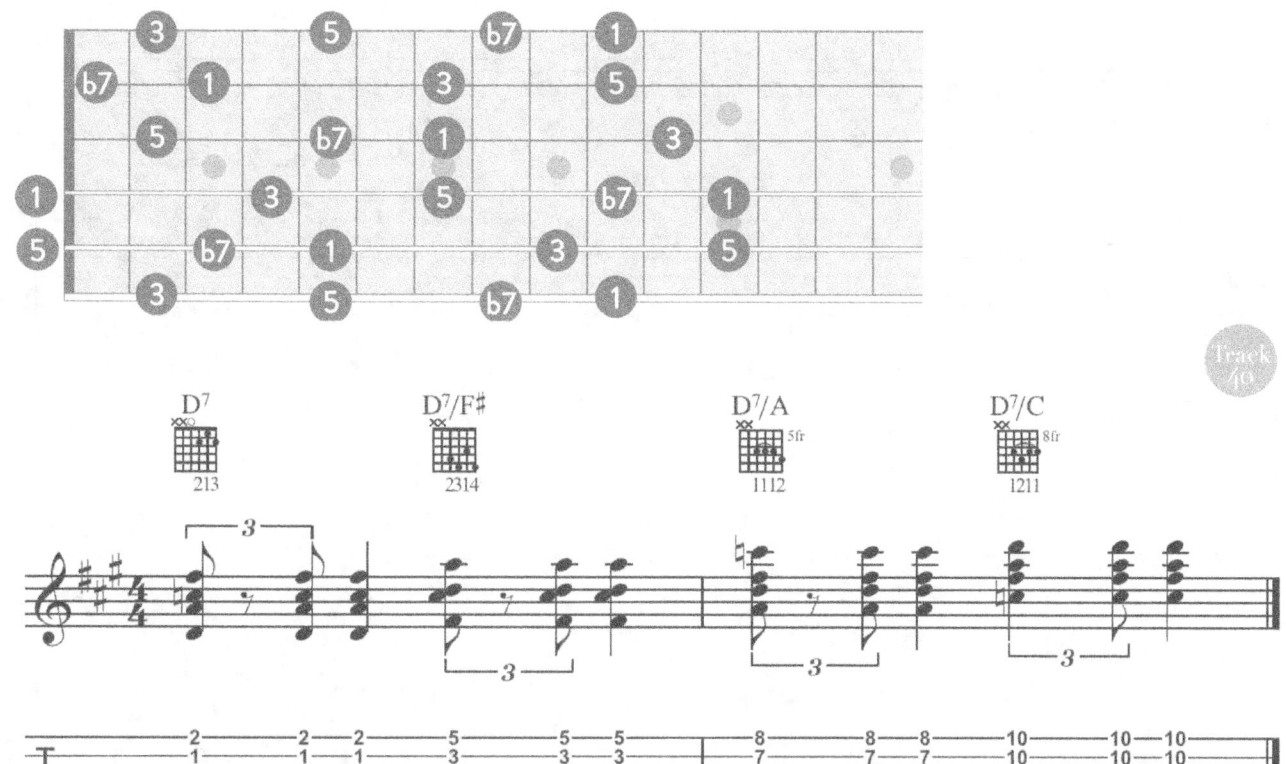

【E7的原位與轉位】

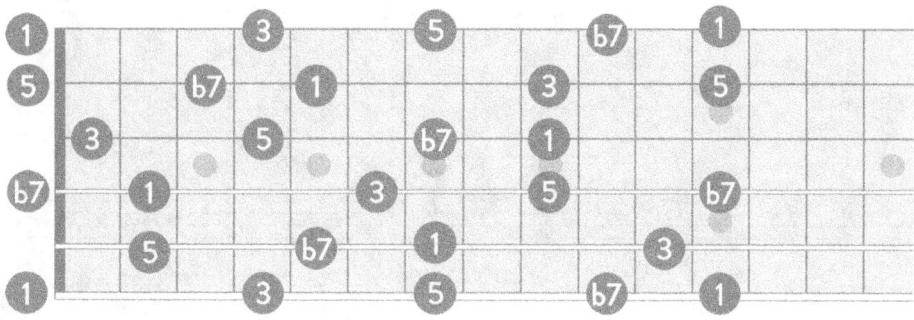

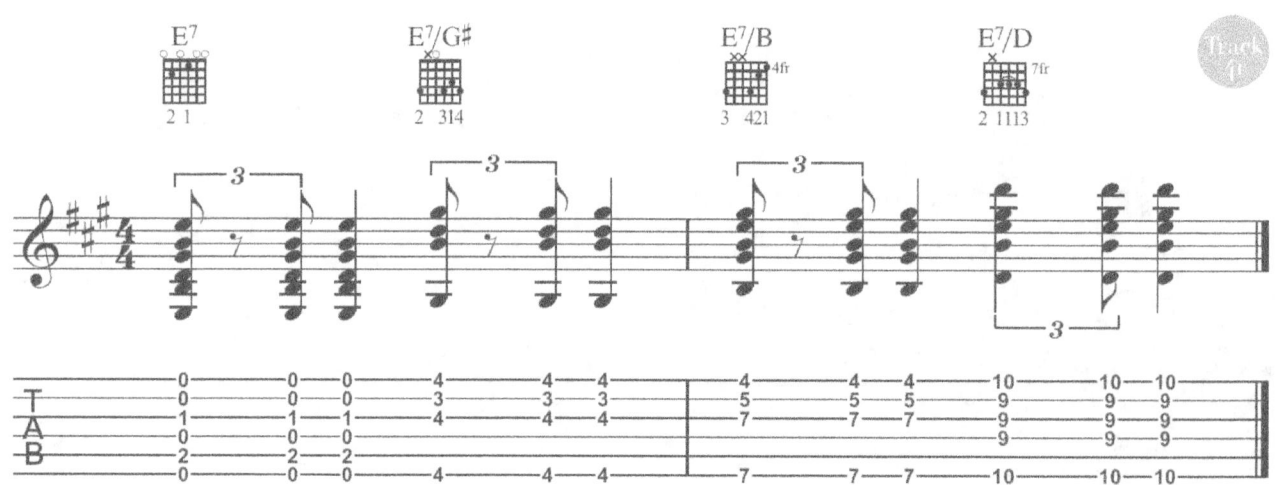

【B7的原位與轉位】

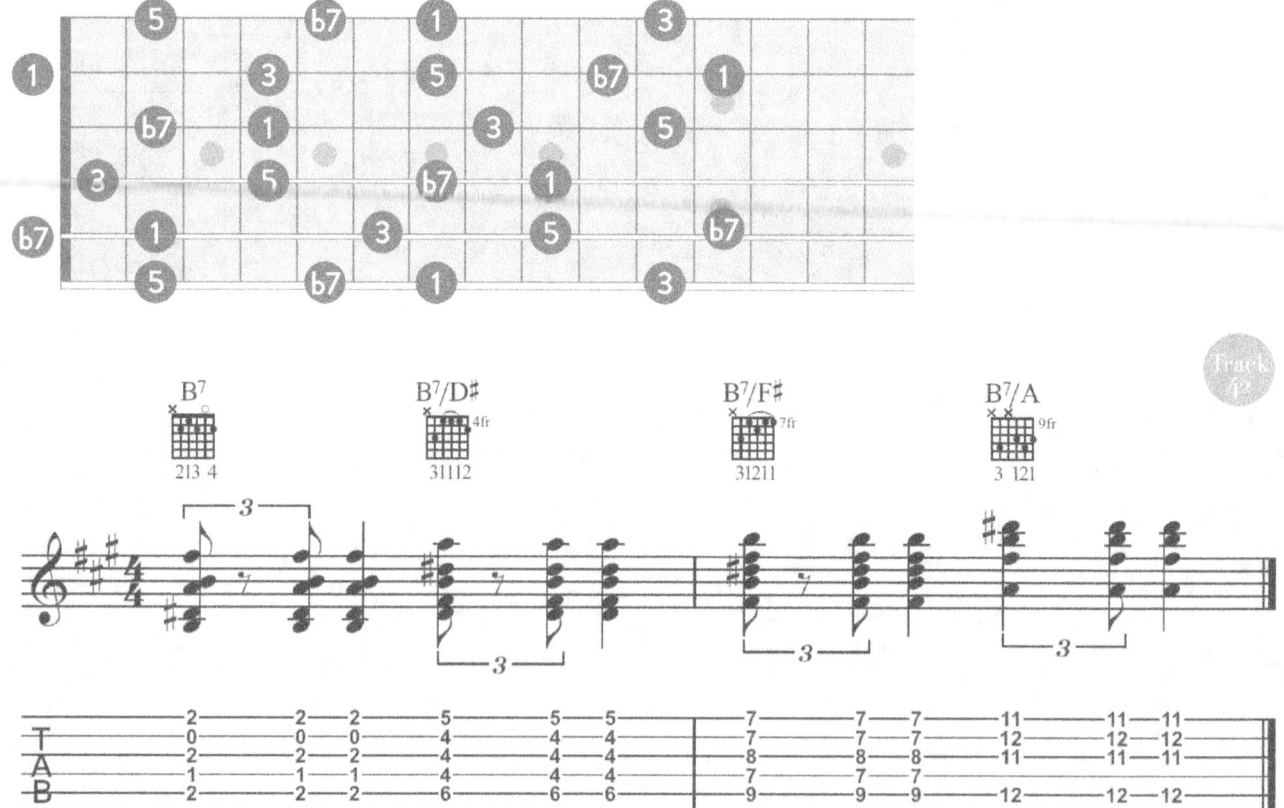

上面這些剛好也分別代表當我們把最低音放在第六、第五、第四弦時的轉位和弦指型，請記得再分別針對各和絃的最低音放在不同弦上時來做練習。

A 調 練 習 曲

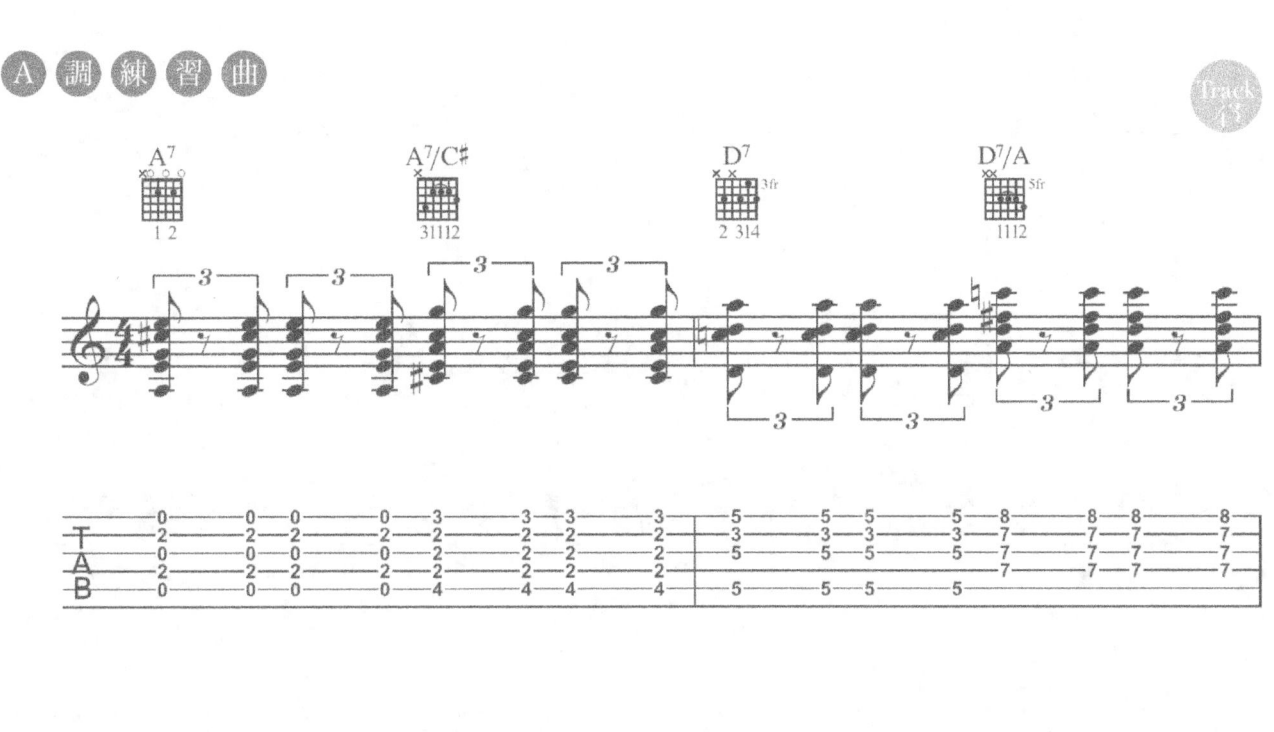

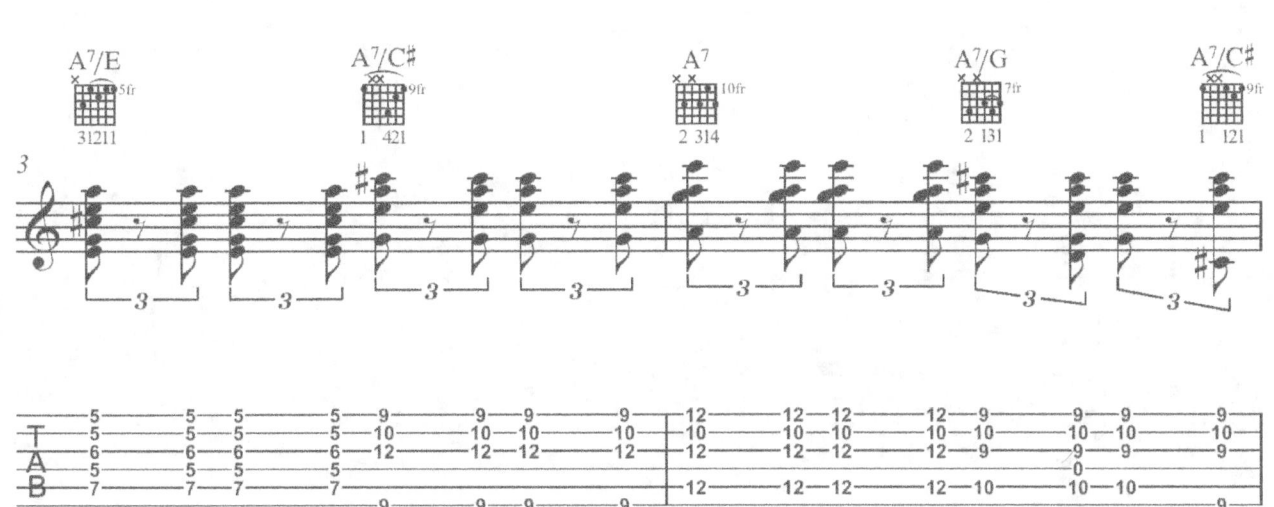

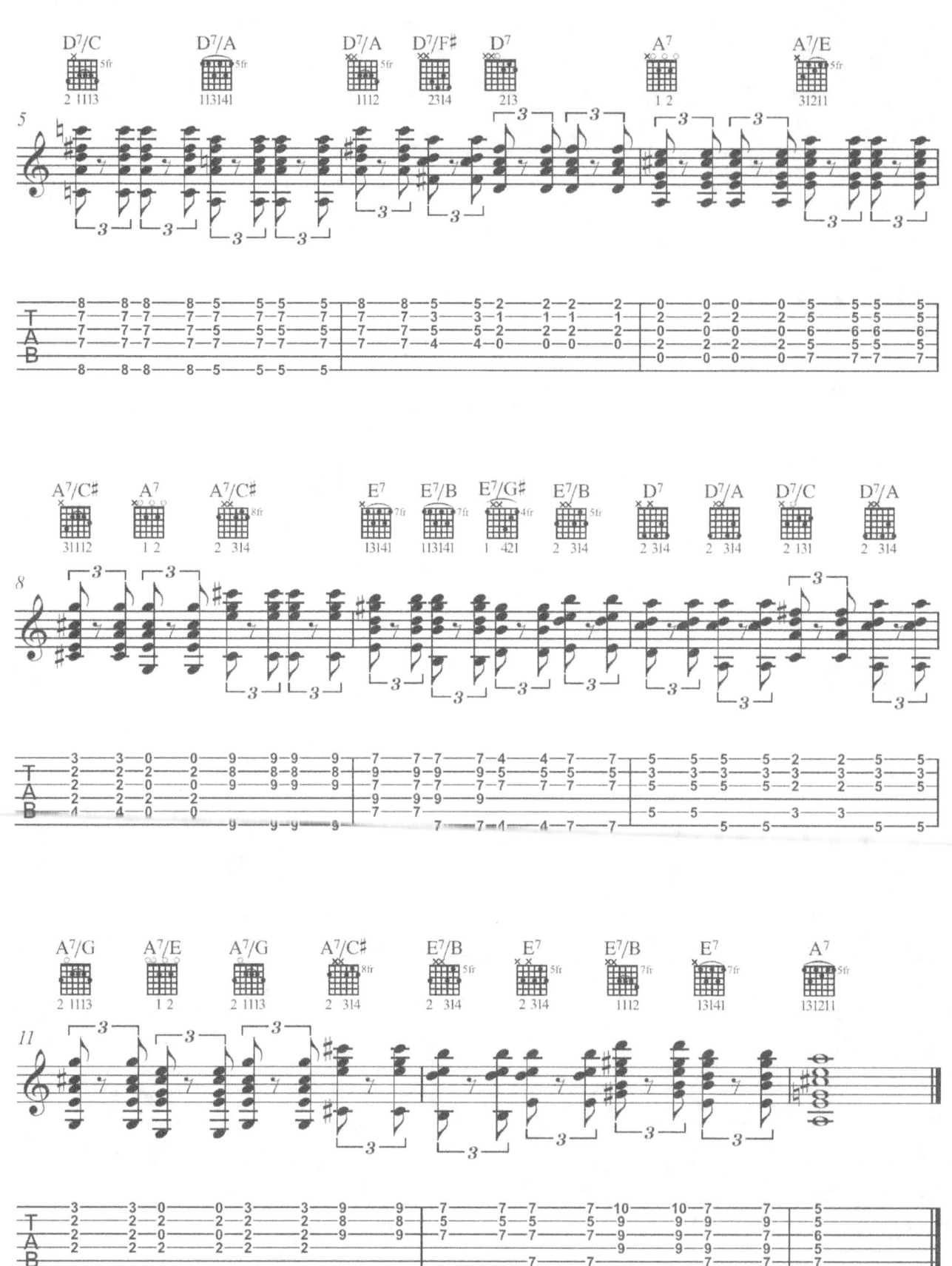

E 調 練 習 曲

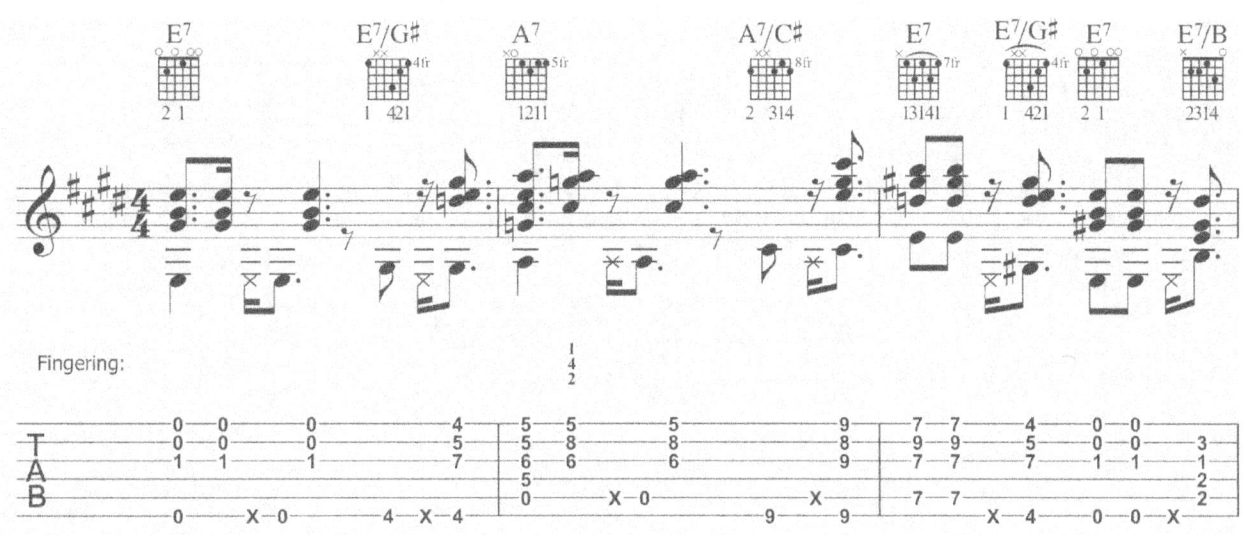

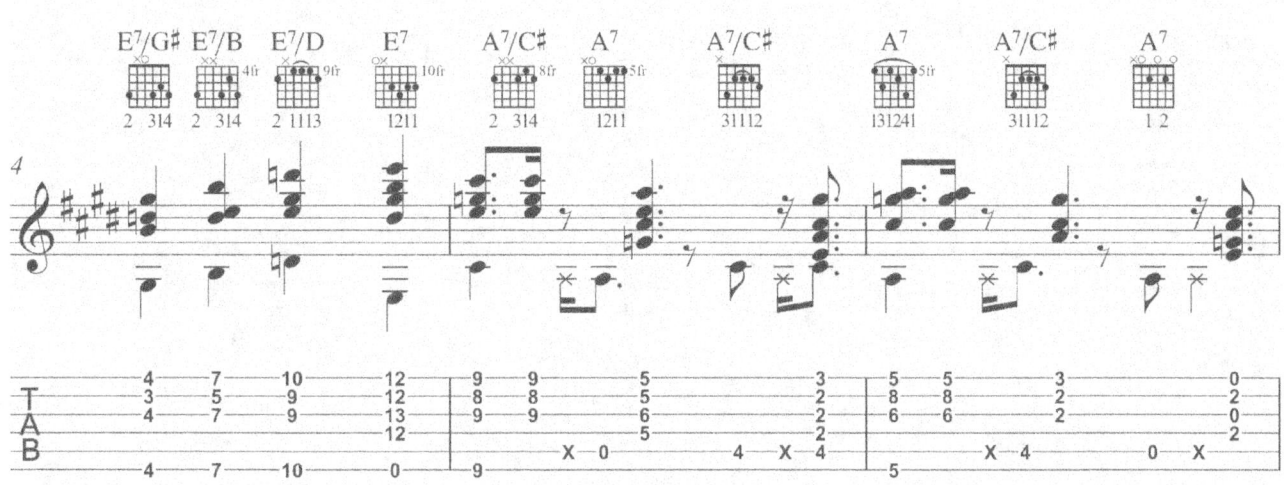

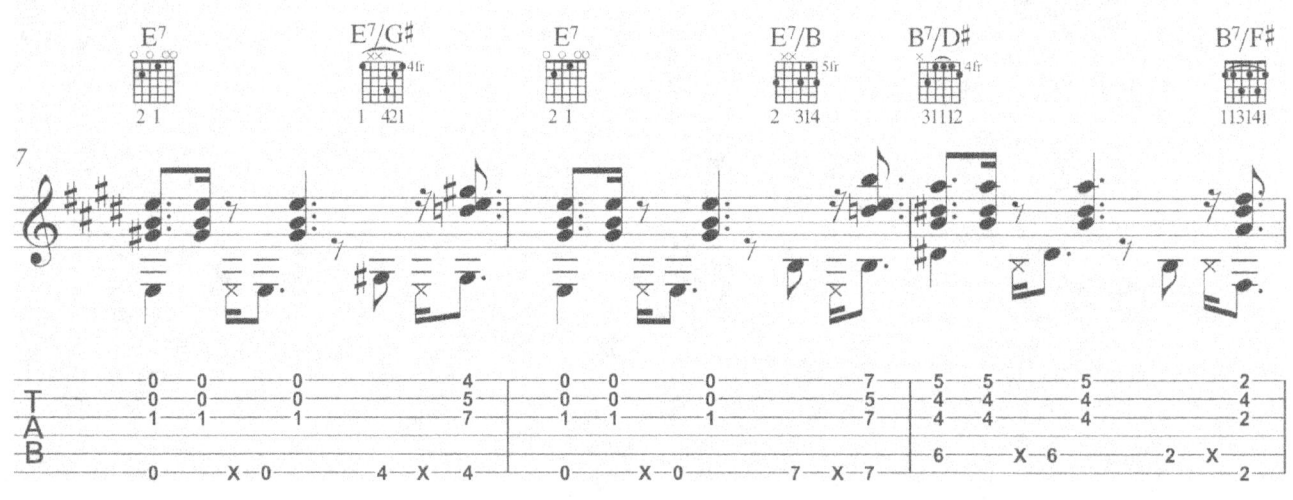

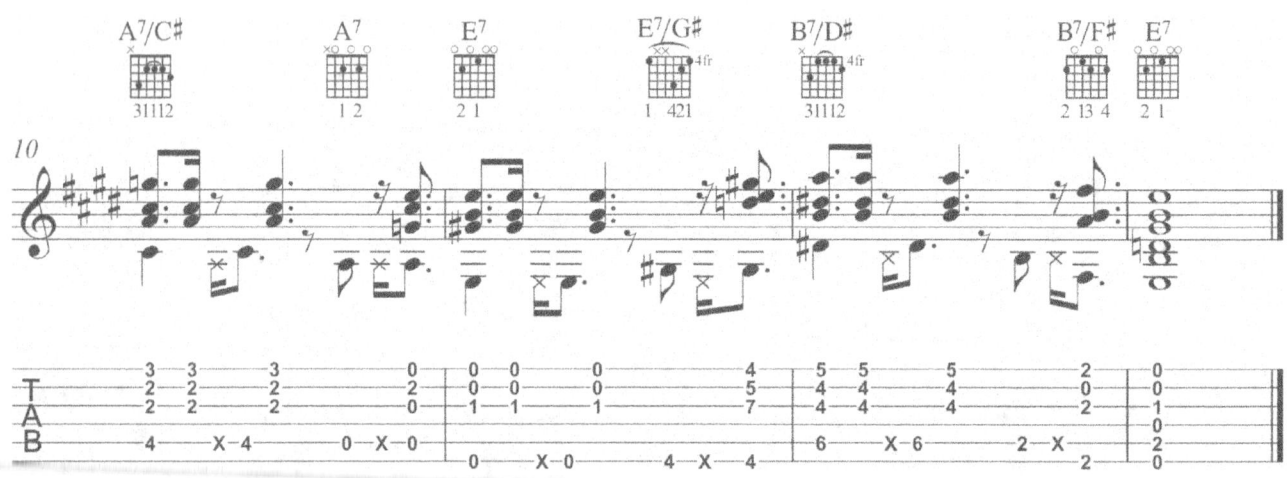

會了轉位和絃，同時也就代表也學到了同一個和絃在其它把位上的彈奏位置，
也就是ＣＡＧＥＤ五種指型的位置。關於更多的指板位置探討，請參考筆者的
另一本著作「吉他指板超解密手冊」。

◇ 伴奏與插音

藍調音樂和其它音樂比起來,更常在演唱的句子中間,彈奏藍調的插音,如此讓整個曲子的藍調感更加豐富。許多藍調大師都是會自彈自唱的,所以能夠自己一把吉他伴奏,並且自己加入插音,你就離大師又更近了一步。

要達到這個步驟,就必須更熟悉藍調音符和和絃們在指板上的位置,並且也要能夠把相同的藍調樂句,在不同的把位上可以彈奏出來。

我們先把整個指板分成和絃和音階來對照著看。

< A調 >:

【A7與A藍調音階指板圖】

1音為A7和絃根音A。

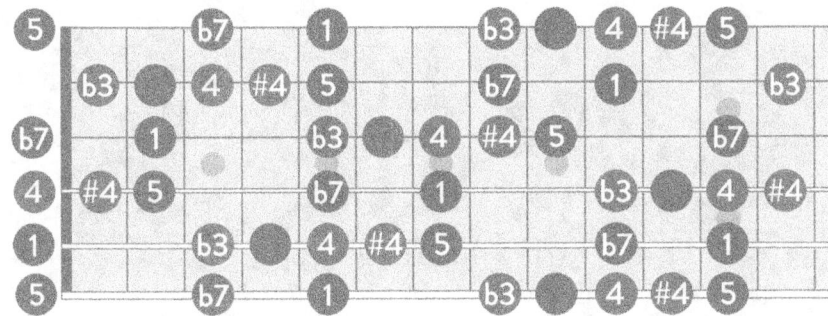

【D7與A藍調音階指板圖】

4音為D7和絃根音D。

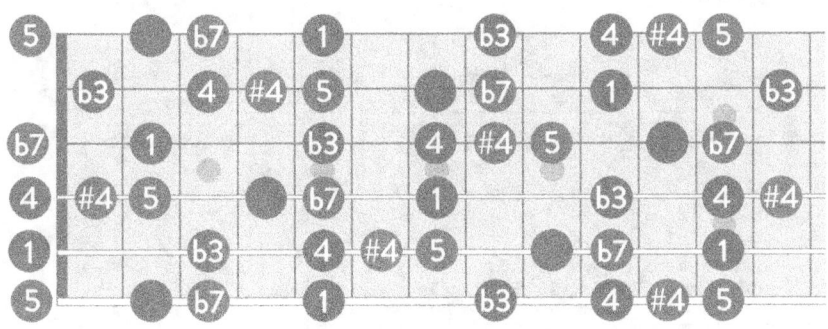

【E7與A藍調音階指板圖】

5音為E7和絃根音E。

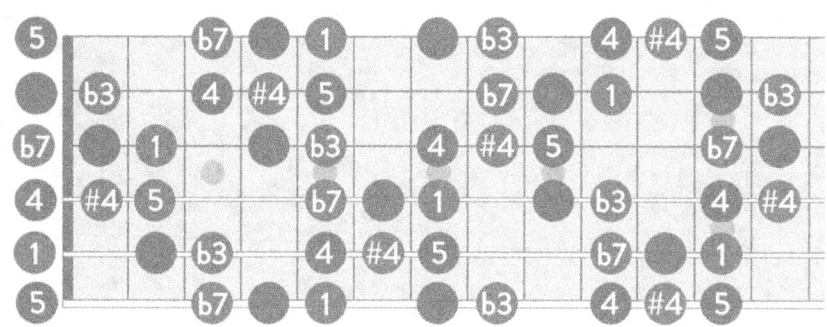

練 習 曲

Track 45

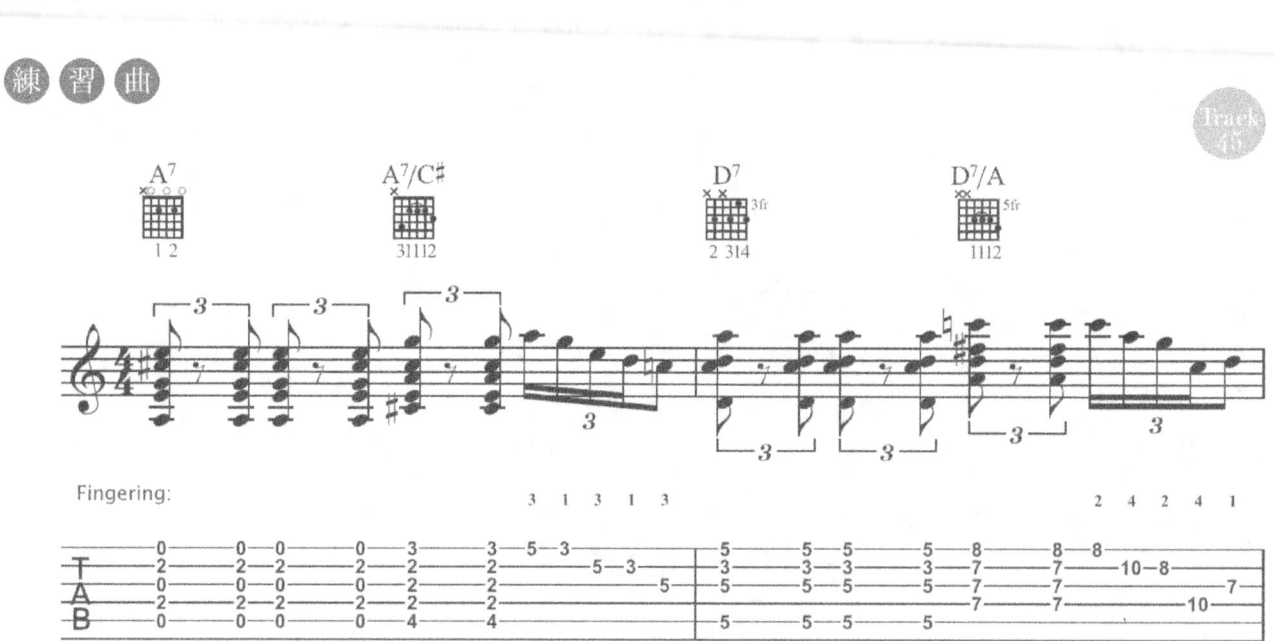

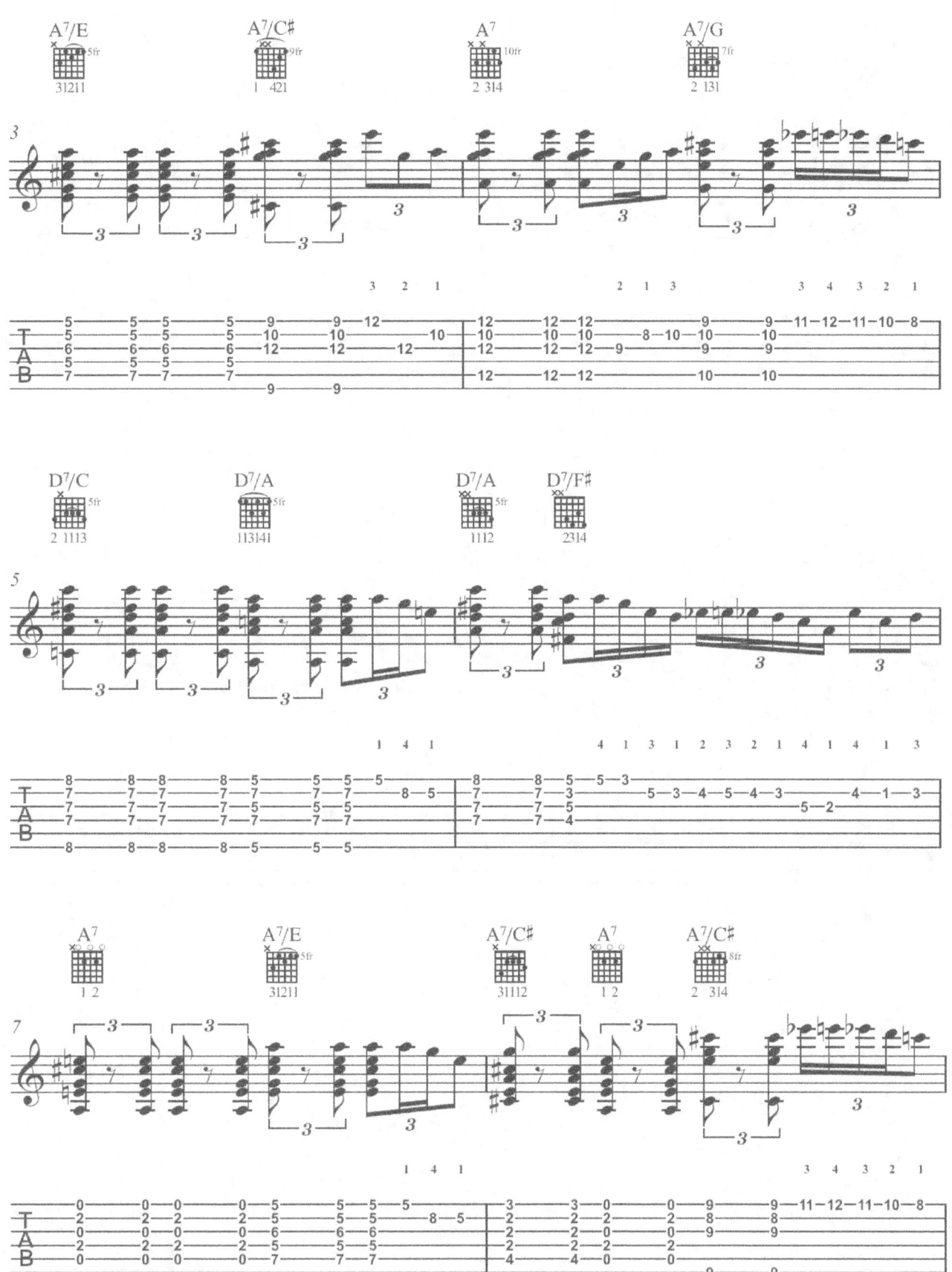

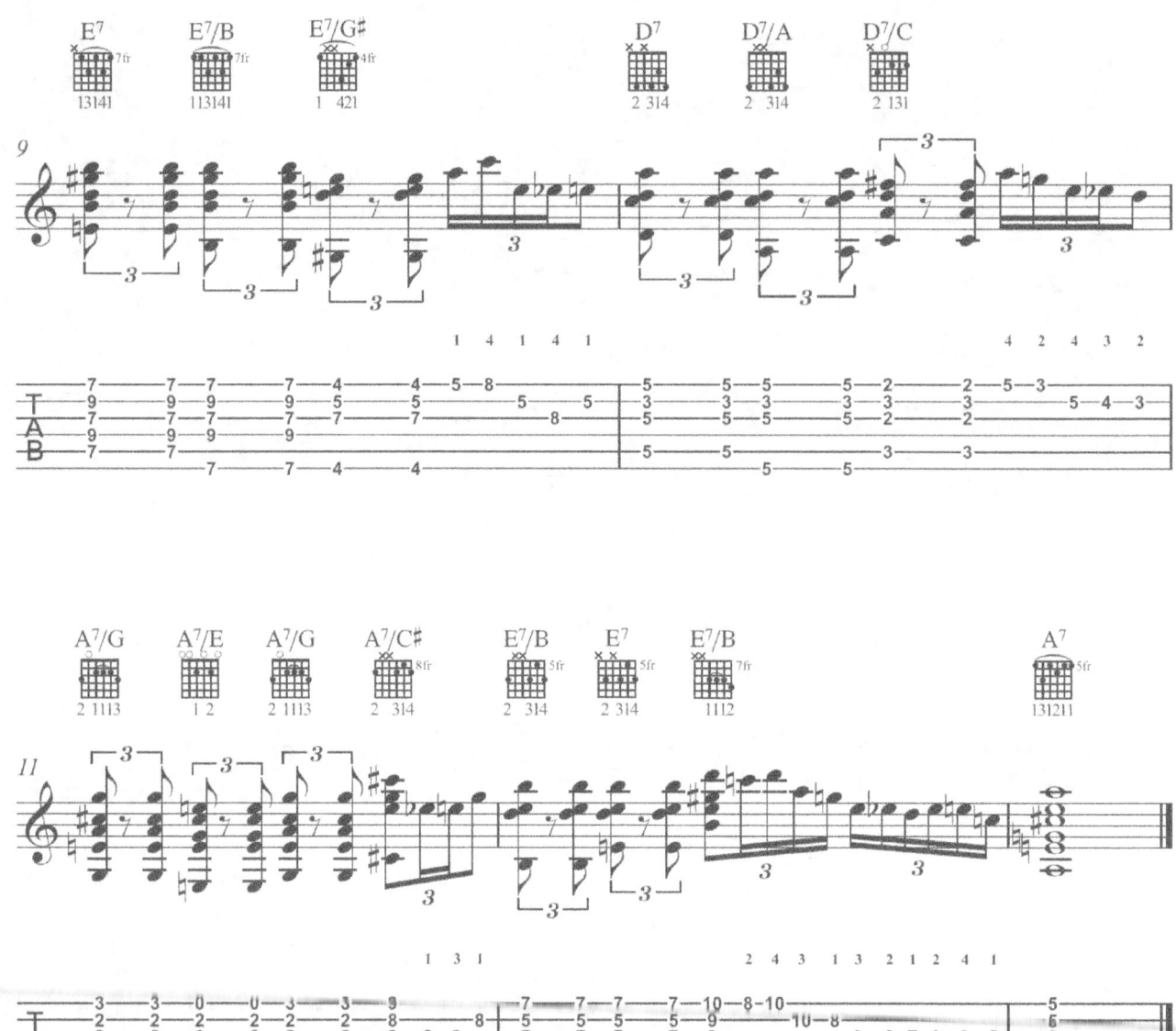

< E 調 > :

【E7與E藍調音階指板圖】

1音為E7和絃根音E。

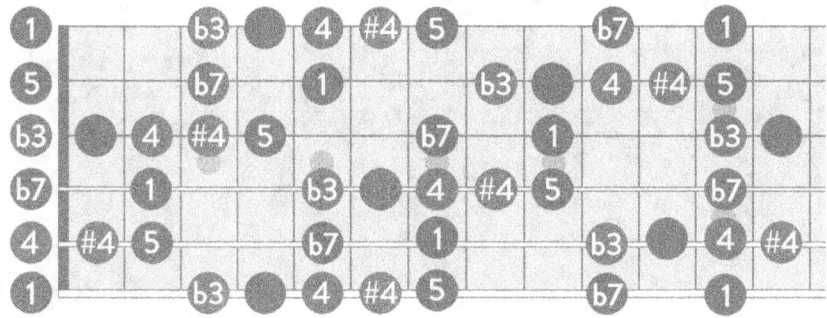

【A7與E藍調音階指板圖】

4音為A7和絃根音A。

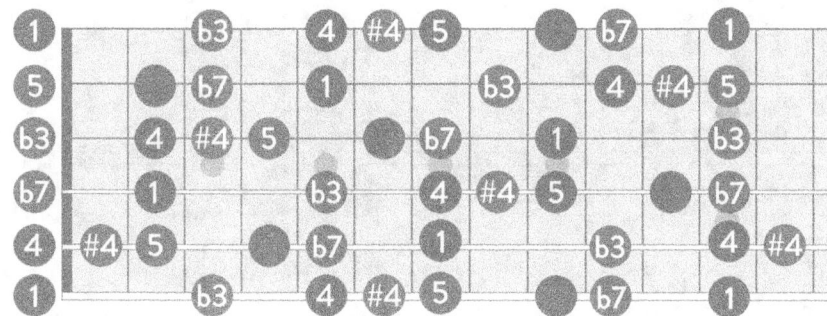

【B7與E藍調音階指板圖】

5音為B7和絃根音B。

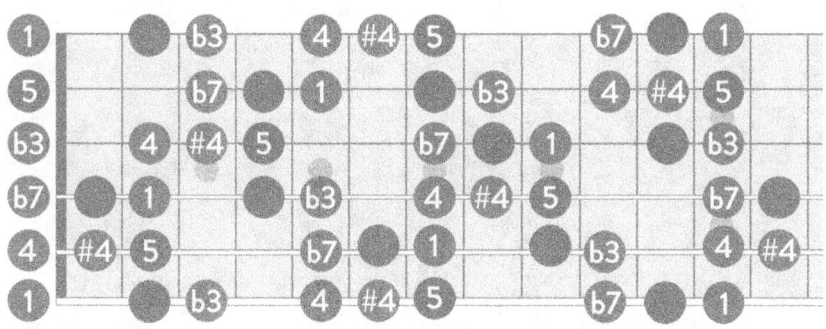

這2首練習曲改自前面一些範例來加入插音，大致都是以彈奏的和絃位置
來練習在相同位置上的音階，或是插音的把位上彈奏接下來的和絃，對於在
彈唱時的演奏能更容易得心應手。更多的指板上和絃與插音的練習方式介紹
請參考「吉他指板超解密手冊」。

◎ 綜合演奏曲

大家都熟悉了前面這些練習與概念了嗎？再來我們提升些難度,加進前面這些技巧與和絃音來表現看看囉！

Ⓐ 調 練 習 曲

Track 17

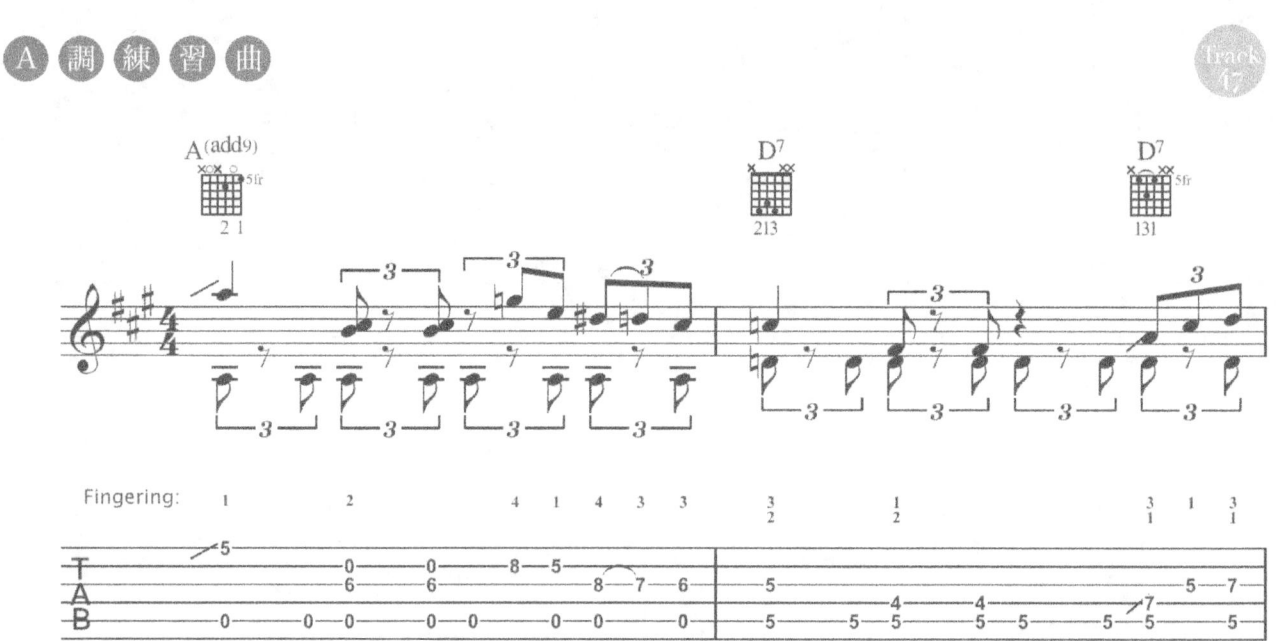

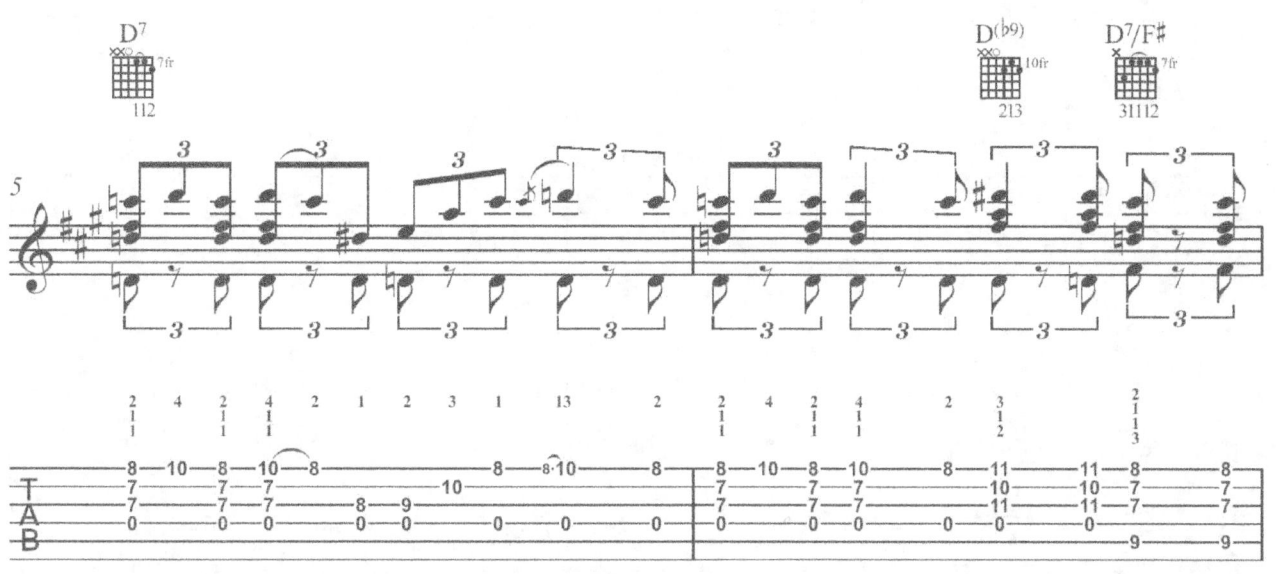

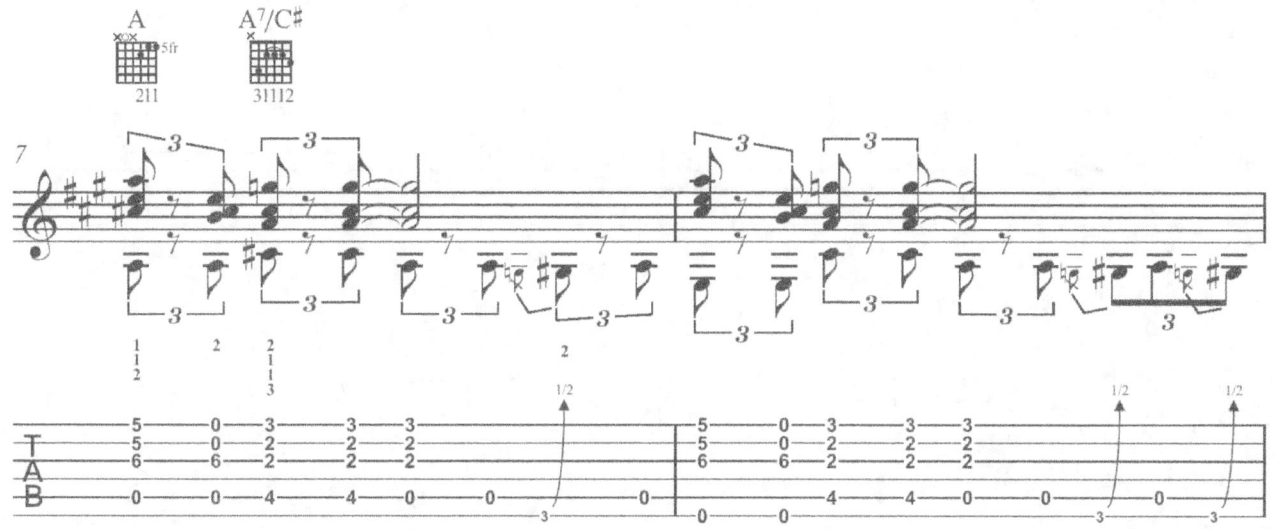

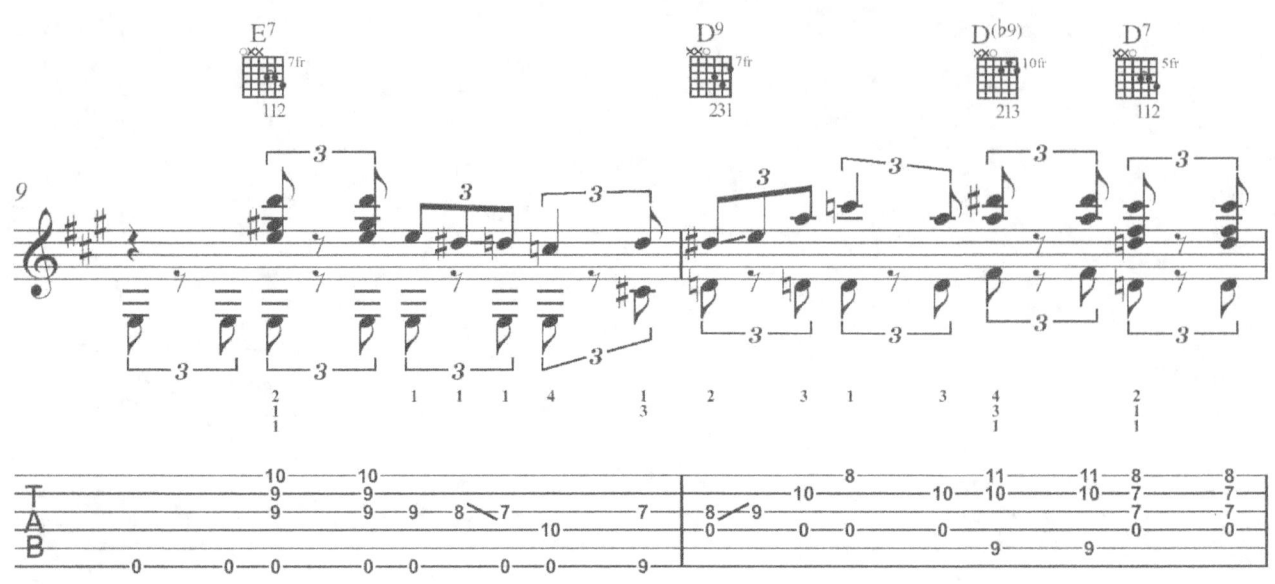

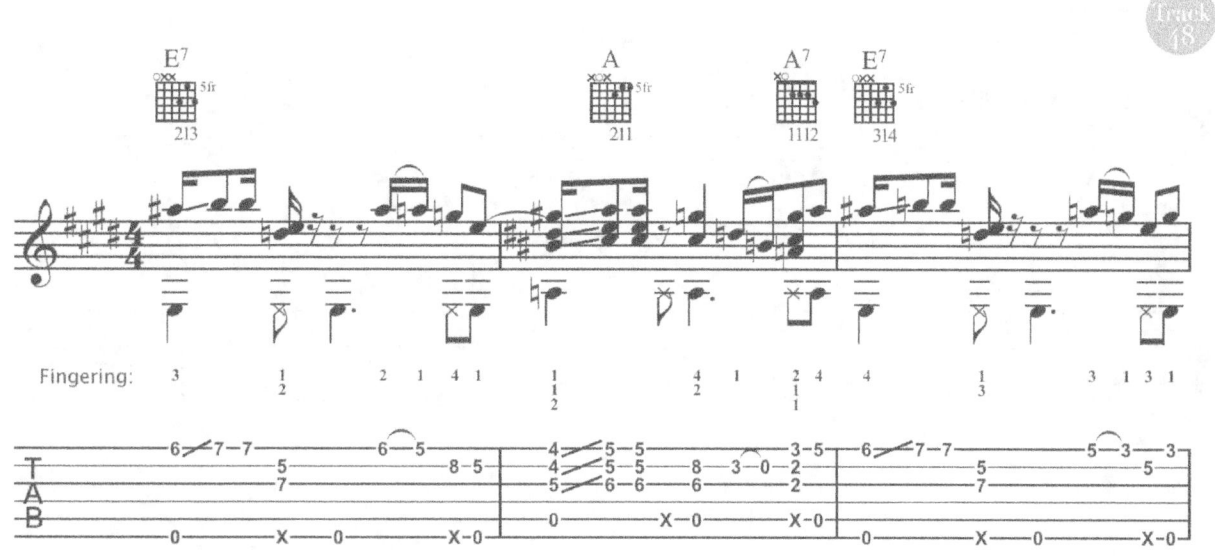

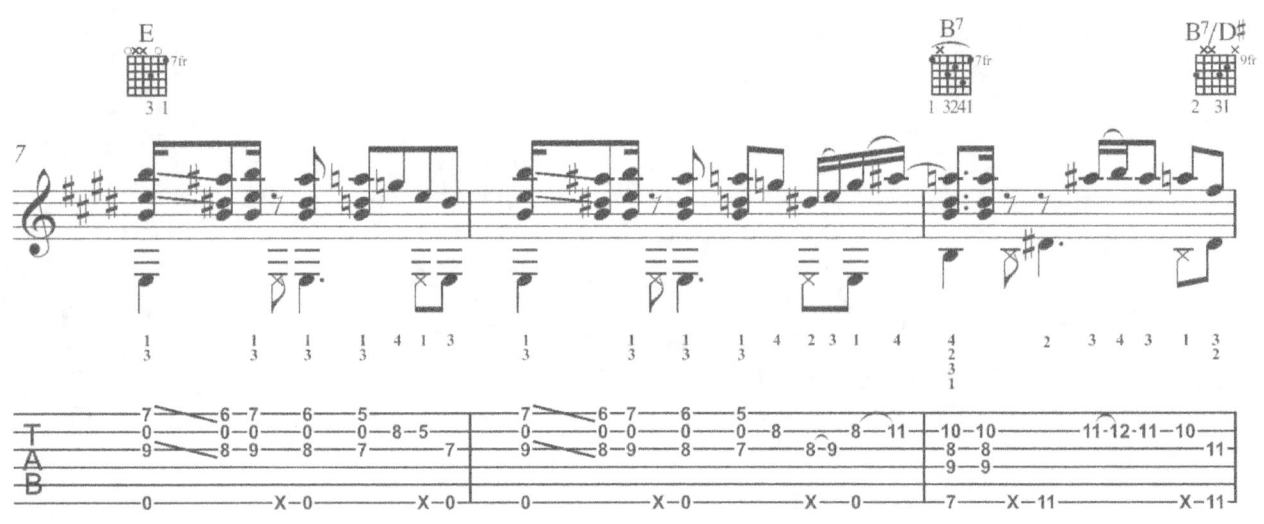

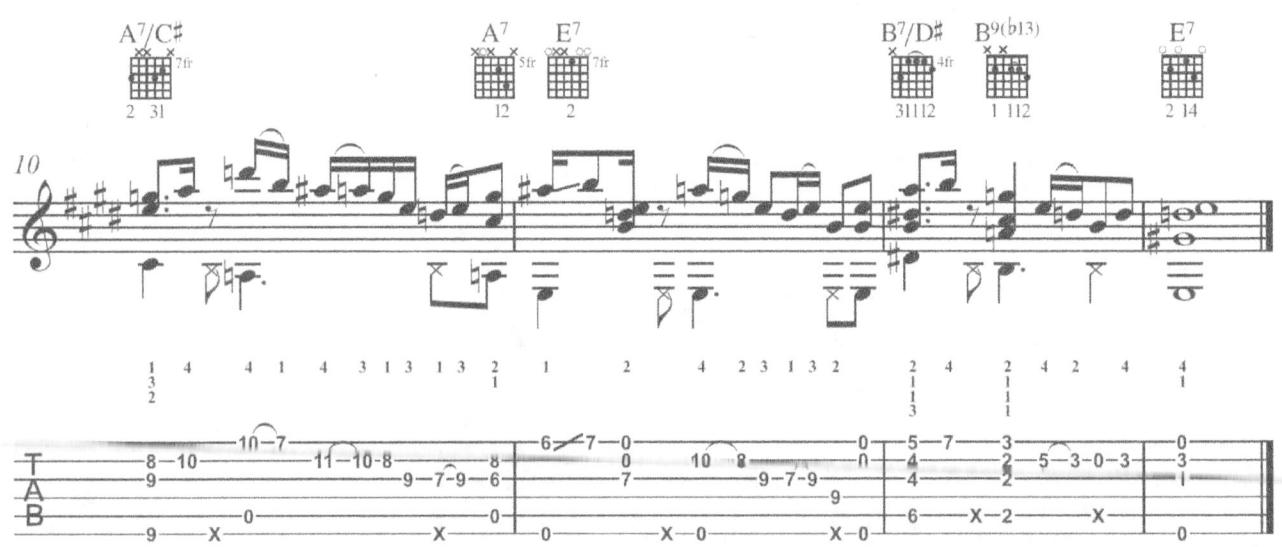

跳脫常用和絃進行！讓創作/編曲/演奏更加與眾不同！
>嚴選經典，了解獨特
嚴選七首具有獨特和絃進行的經典中外流行音樂曲
>用流行音樂切入，更易學易用
完整歸納和聲手法在流行音樂中的應用，也方便創作編曲時查閱
>示範操作流程，一目了然
一步步由簡入繁進行和絃改編示範，學習各和聲手法的實務操作

想讓自己在音樂創作上有更不同的感覺？想讓自己的演奏
改編更加豐富，使用更有特色的和絃？可是翻開和聲學的書
會讓你霧沙沙，無法了解其中的奧妙與實際的應用嗎？
現在，跟著不拘時一起用不一樣的角度來了解和聲學，並
跟著嘗試實際地手法運用吧！

Solo Fingerstyle

Blues Guitar

音樂就是如此神奇,單純用音符來看,
沒有一個音符不能被使用,
但是要彈出好聽又有味道的音樂,
只是直接彈出這些音符卻是不行的。

第 **3** 篇

———————

進階藍調思考與即興

◇ Turnaround

Turnaround指的是在藍調曲式的最後一二小節中,為了進到下一個循環(反覆)而有的過門變化。
這種變化在藍調中有幾個特別常被使用的模式,以下大概介紹幾種:

【1音與5音半音下行】

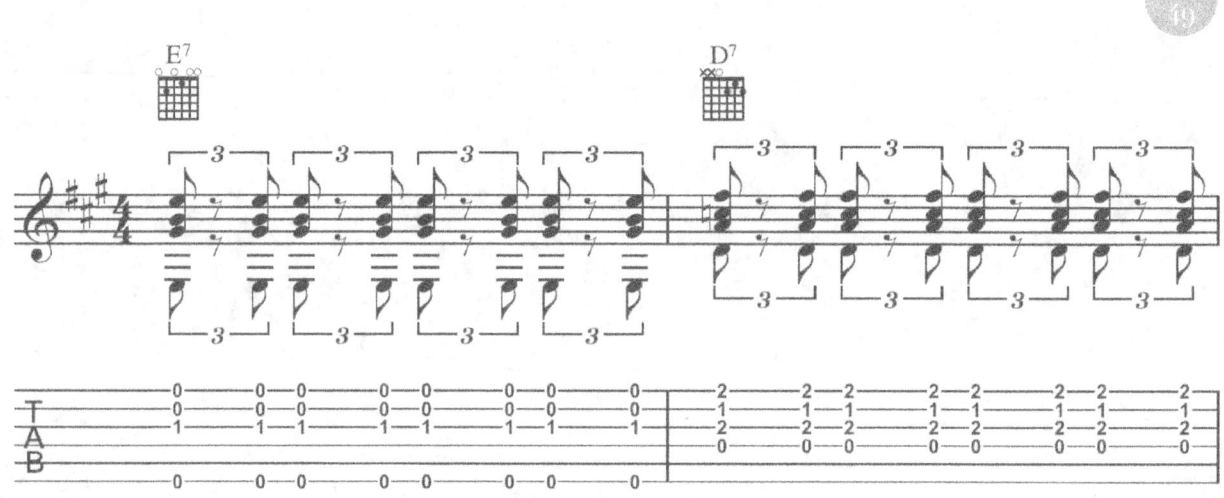

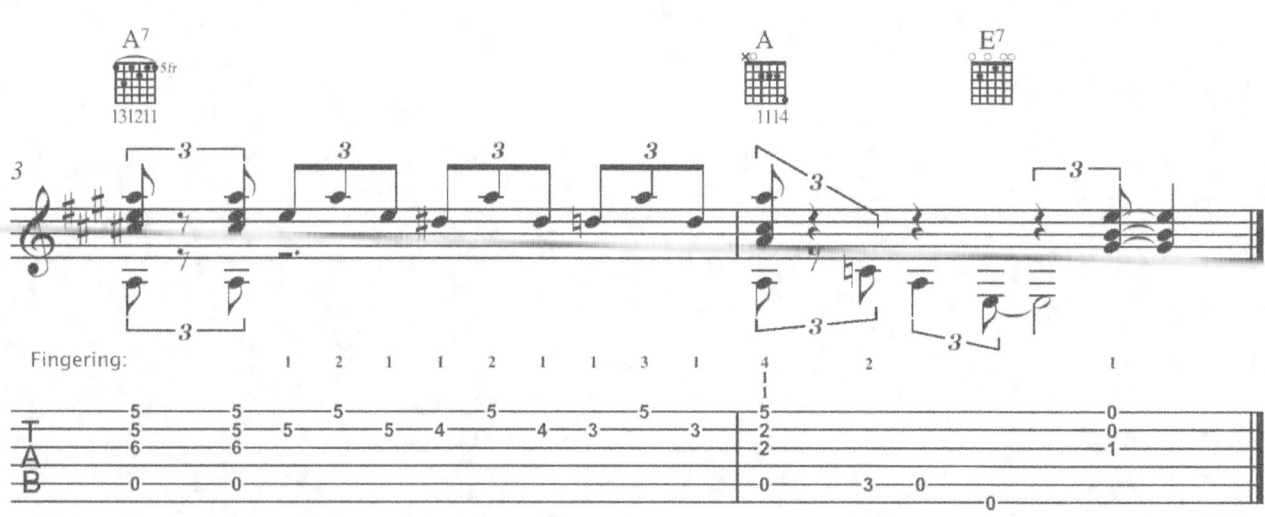

【5音半音下行與♭7音半音下行（6度音程）】

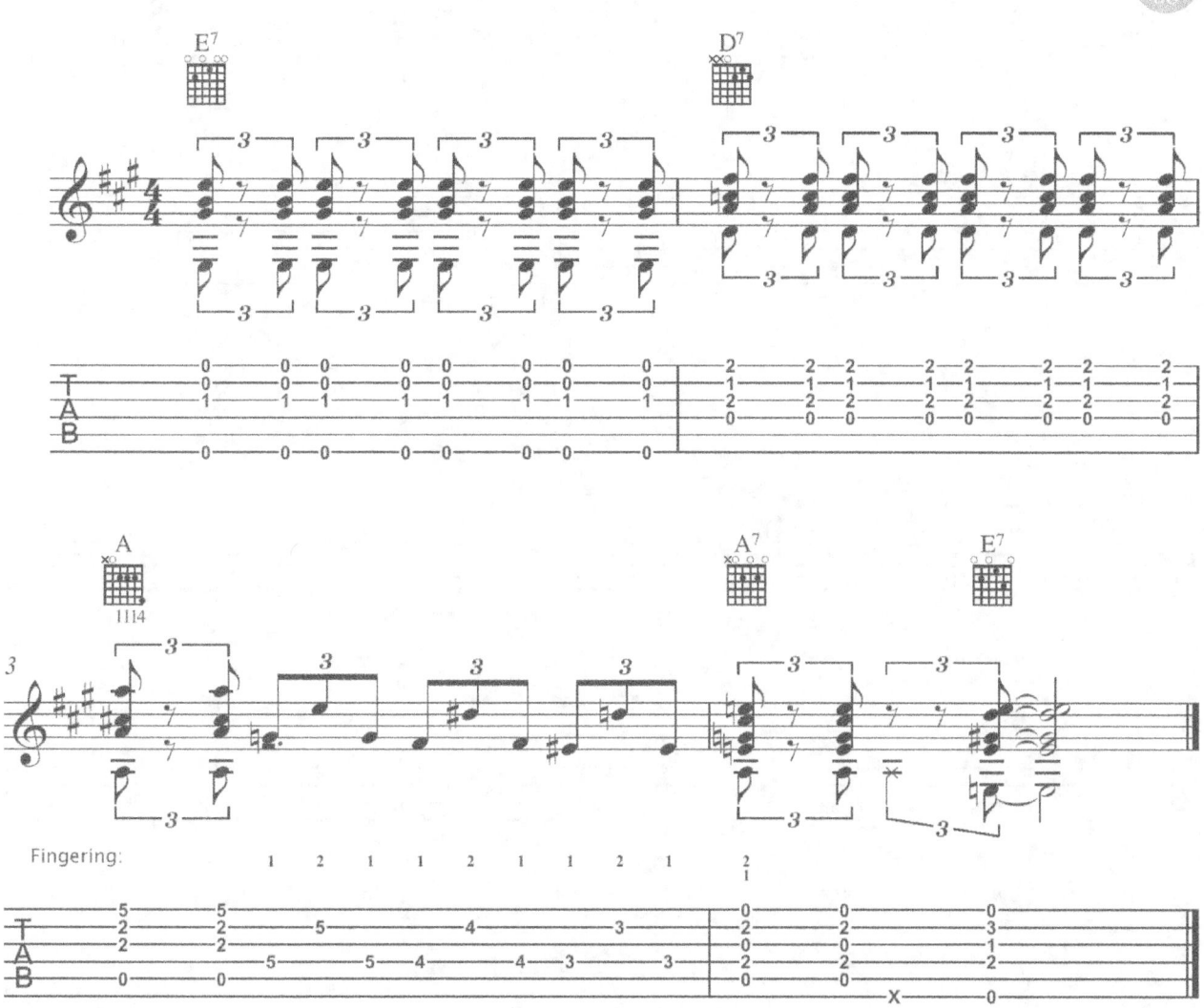

【3音半音下行與5音半音下行（6度音程）】

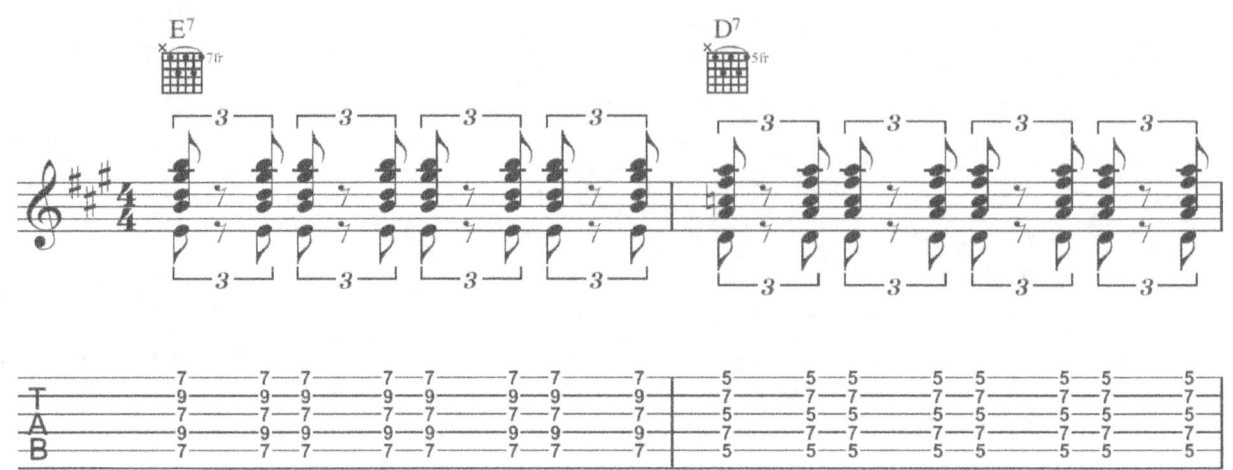

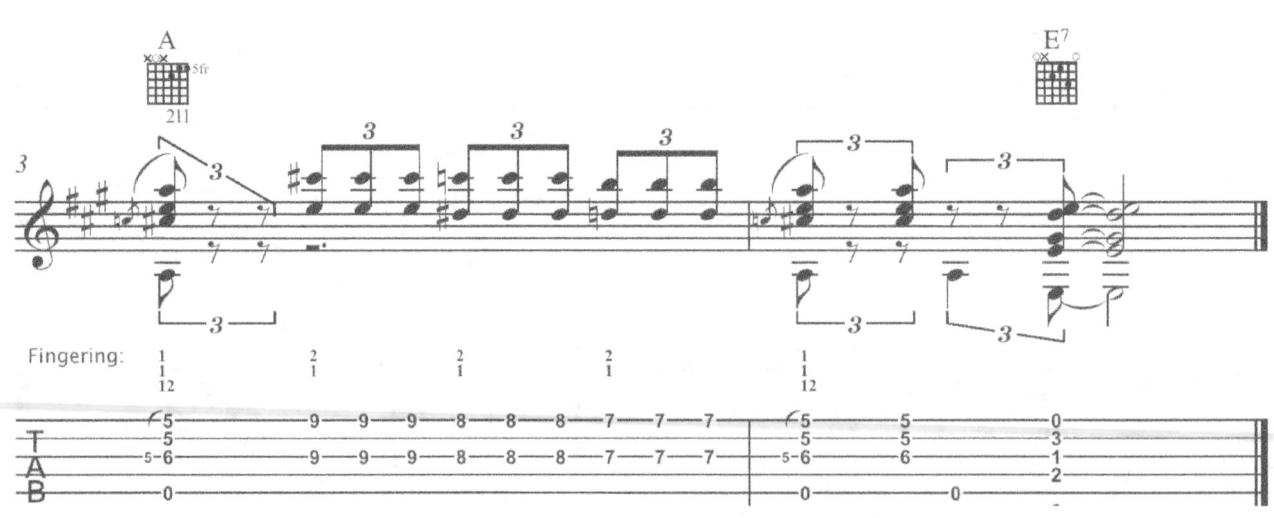

【1音與b7音半音下行】

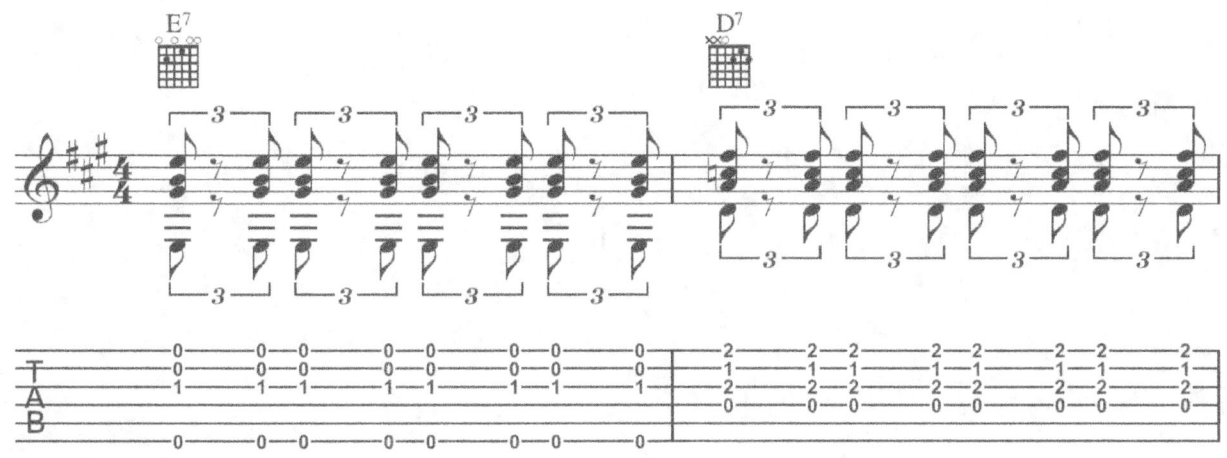

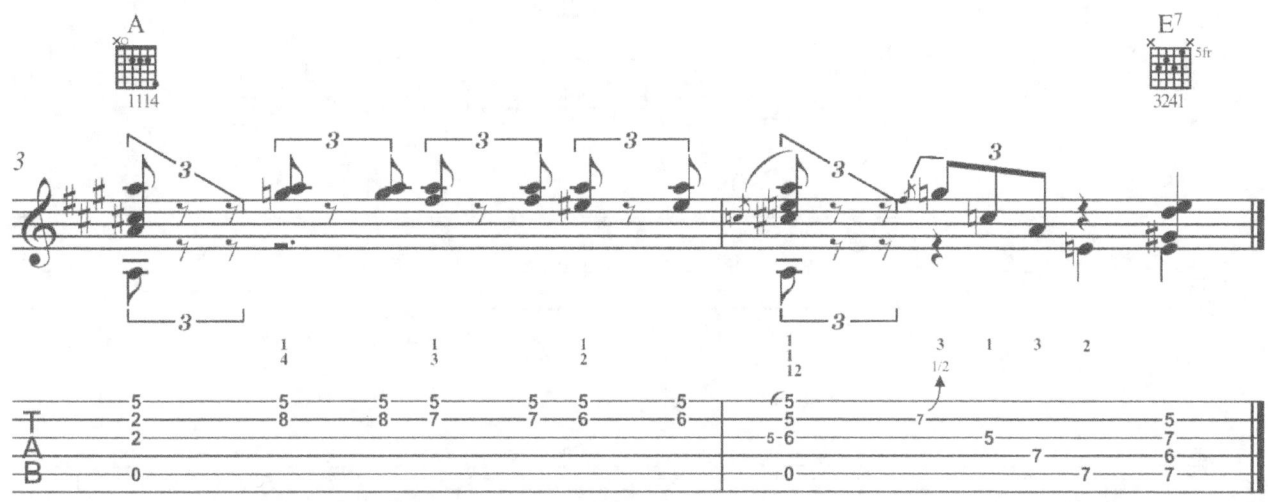

除了這些之外，大家也可以多聽些其他的藍調演奏者是如何處理在 Turnaround時的樂句。對藍調已經彈奏到有感覺的朋友，也可以自行嘗試發展自己風格的Turnaround喔。

◈ 小調藍調

前面介紹的基本藍調和絃 I7, IV7, V7　都是採大三小七和絃的格式,而小調藍調就是採用了自然小調的元素,把這三個和絃換成了小三小七和絃的格式,也就是 I m7, IV m7, V m7(或 V7),再加上了原本的藍調音階是從小調五聲音階演變而來,因此整個音樂的感覺就會比基本藍調要來得更加哀傷。

這邊我們把前面彈過的範例和絃改成小三小七和絃來讓大家體驗看看,接著再彈看看小調藍調的獨奏演奏。**請記得也要花時間自行練習小三小七和絃的各個轉位和絃與位置變化喔。**

【A小調藍調範例】

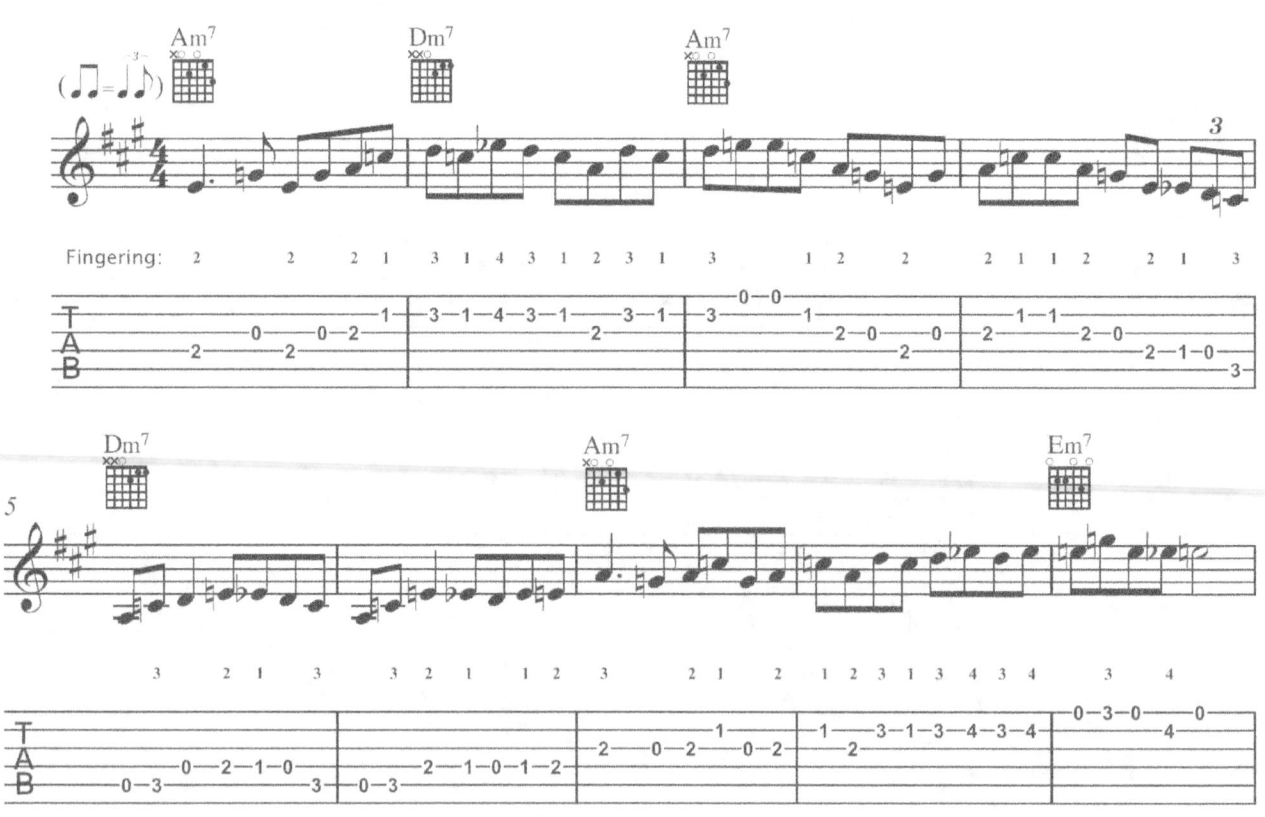

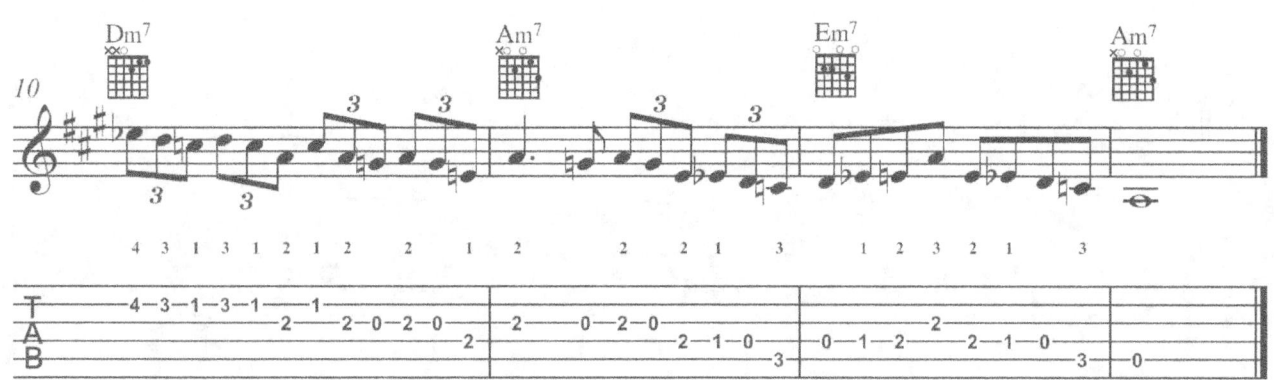

【A小調藍調指彈演奏】

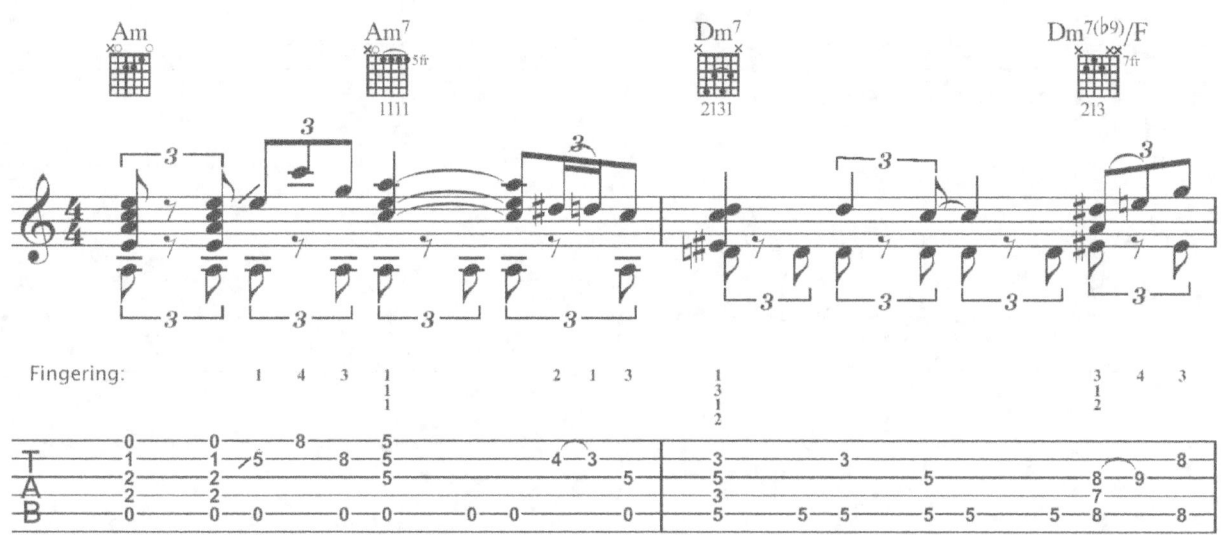

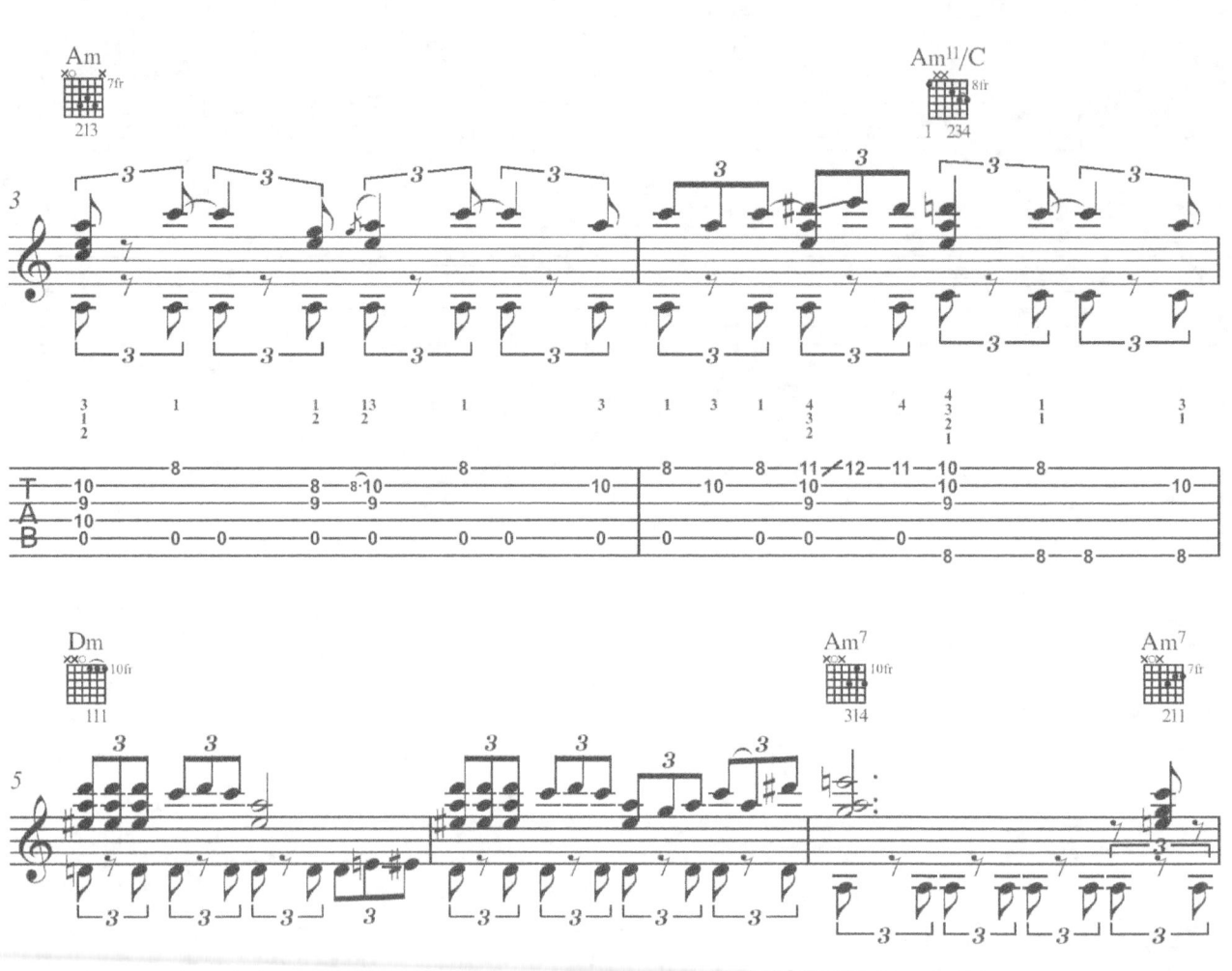

【E小調藍調範例】

【E小調藍調指彈演奏】

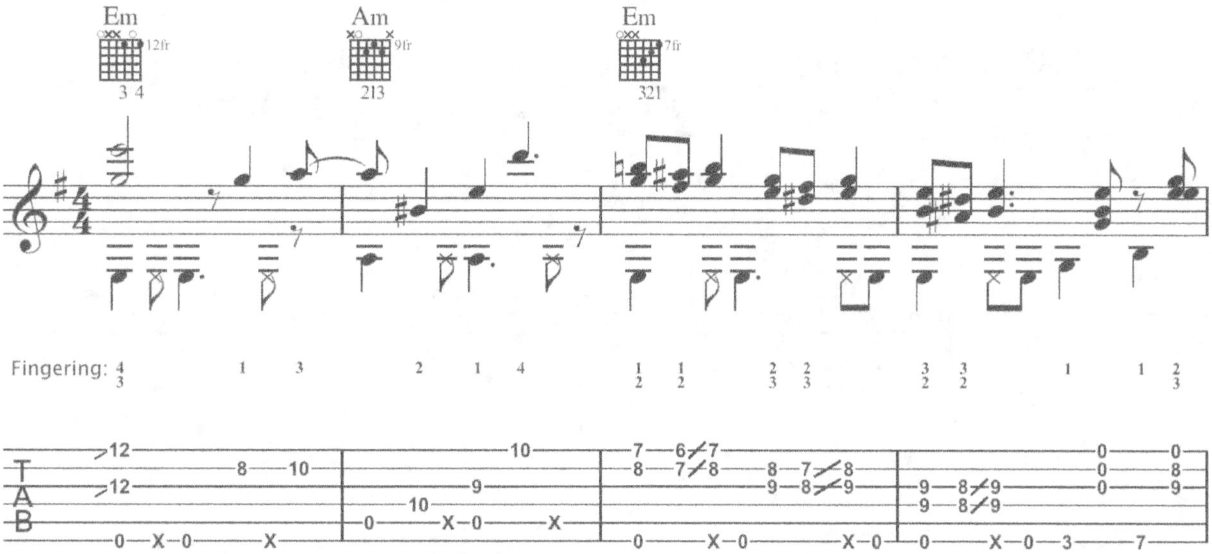

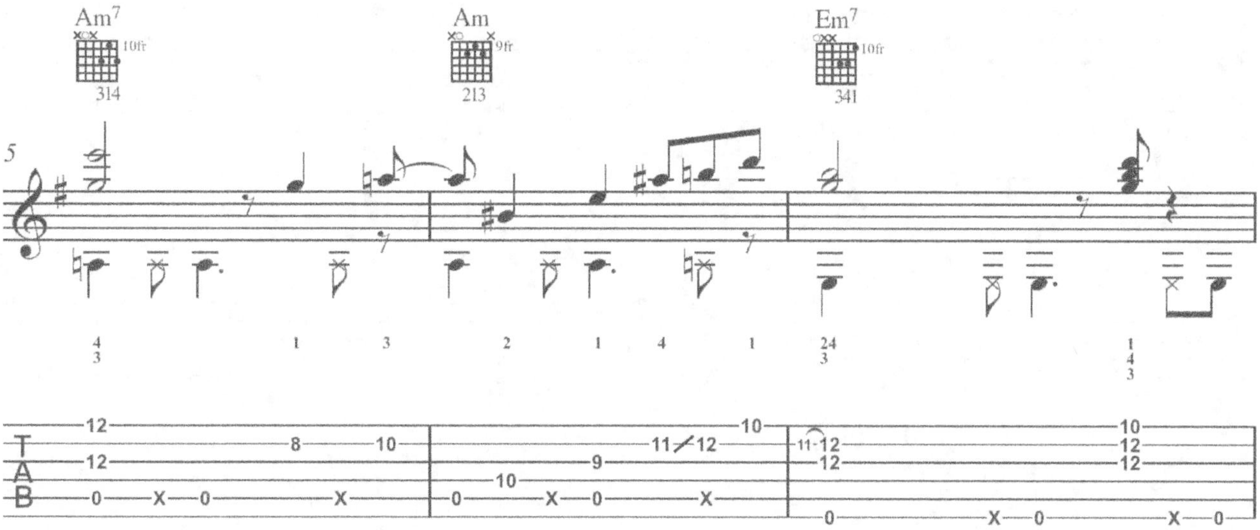

大家在進行小調藍調的練習時，也可以照著前面藍調把位的練習方式來自行練習。

◈ 大調藍調

大調藍調的話,和絃上仍是採用原先基本藍調的大三小七和絃,不過藍調音階的基礎則換成了大調五聲音階,１２３５６,而以♭3來作為藍調音符,藍調音階就變成了１２♭３３５６。也因此,大調藍調比起基本藍調音樂,整個音樂的感覺會變得開朗,有活力的多。

大調藍調音階格式:１ ２ ♭3 ３ ５ ６

A調:A B C C# E F#

E調:E F# G G# B C#

這邊先讓大家體驗看看大調藍調音階所呈現的感覺,接著一樣讓我們彈奏看看大調藍調的獨奏演奏練習曲。

【A大調藍調音階範例】

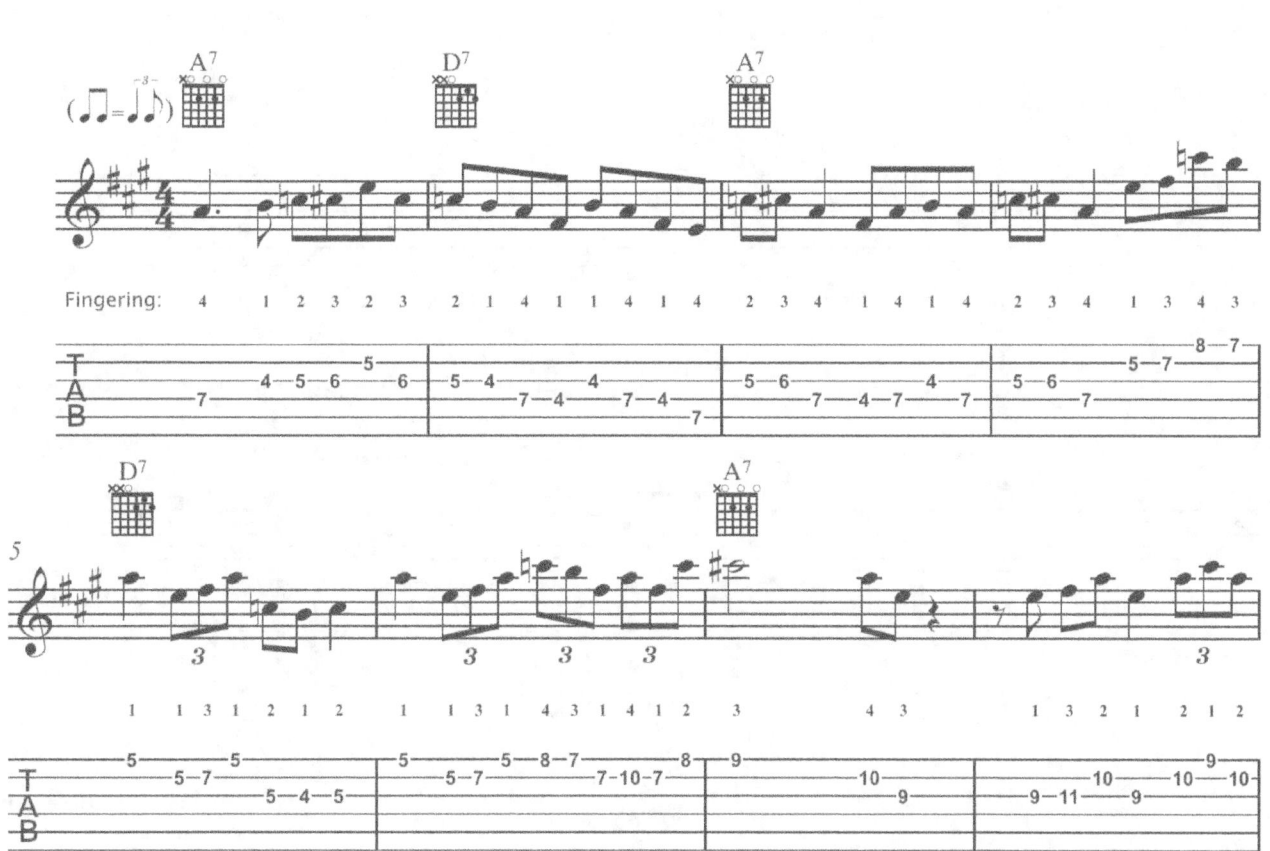

【A大調藍調指彈演奏】

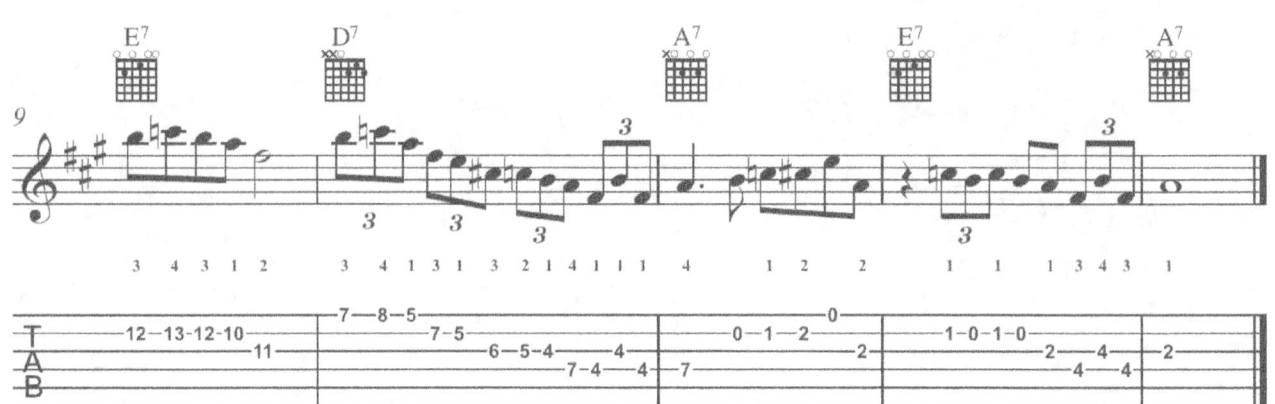

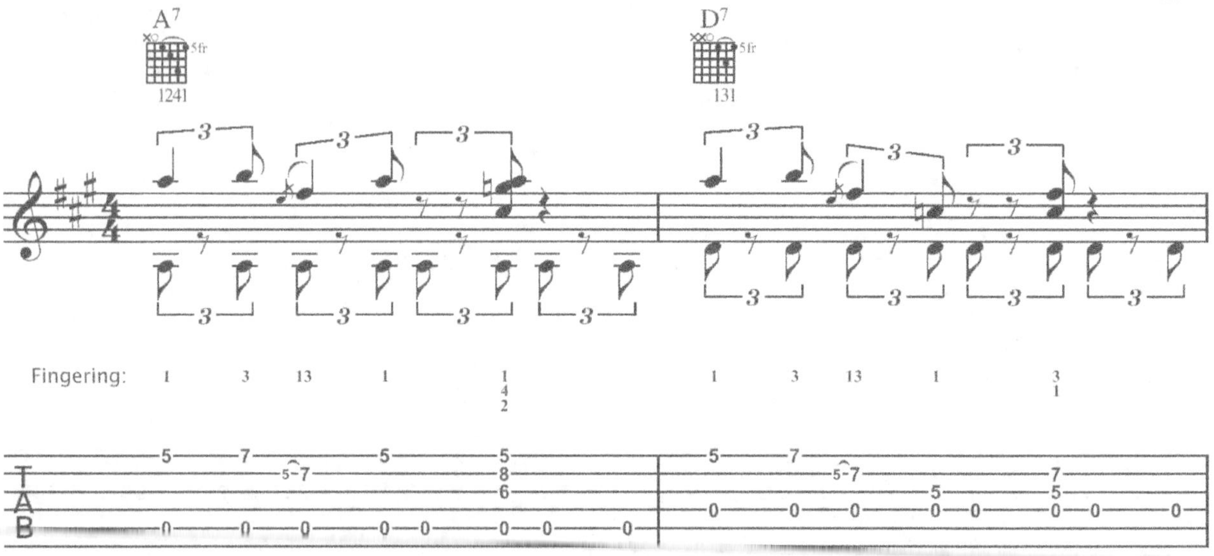

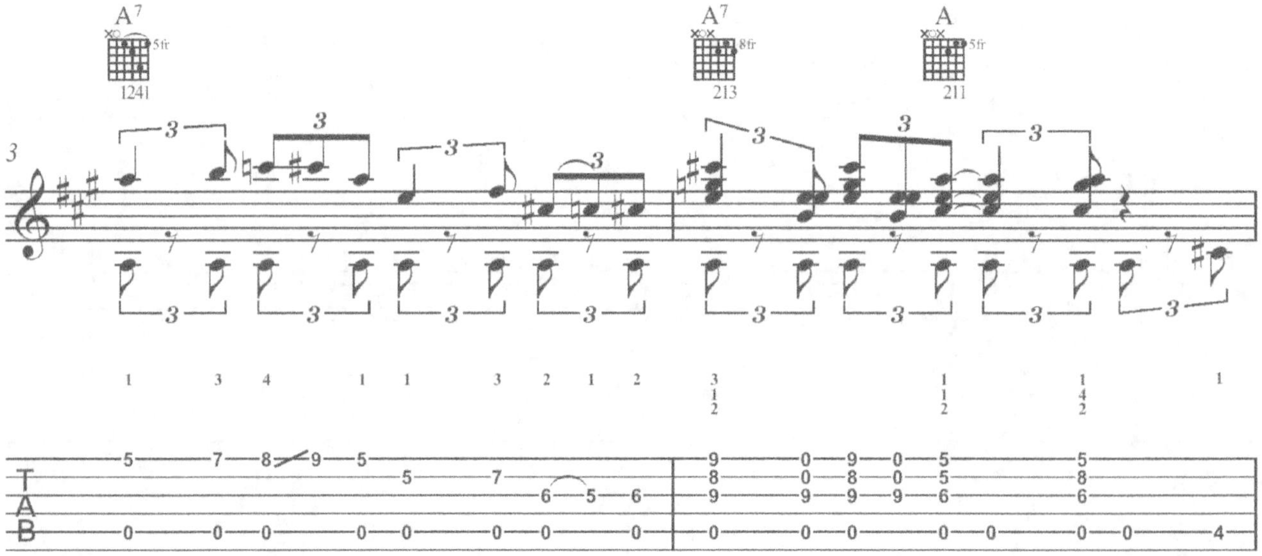

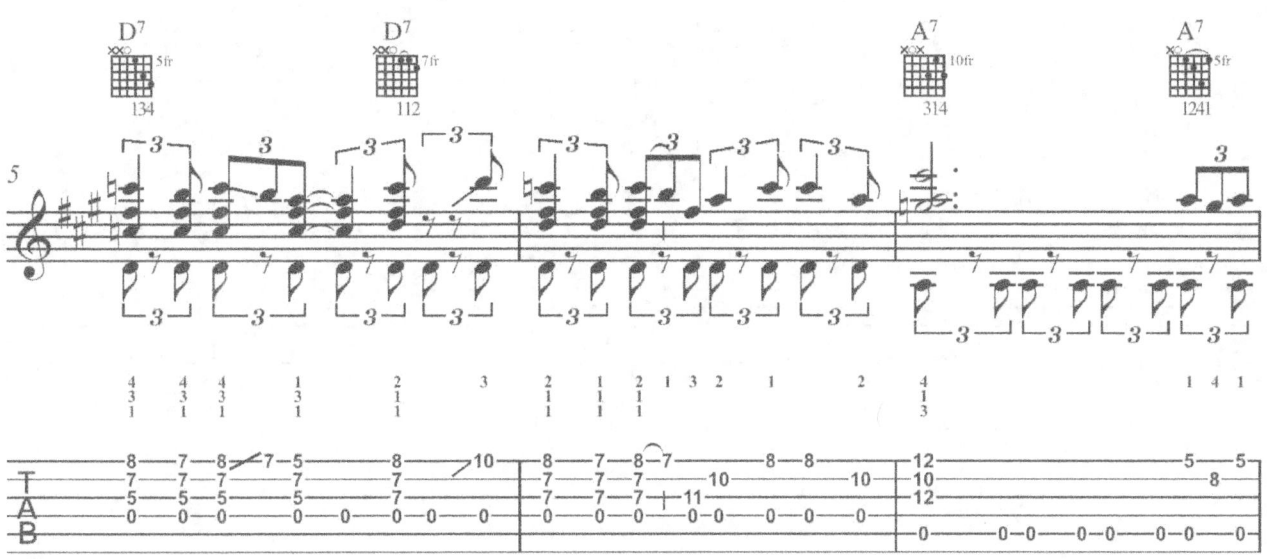

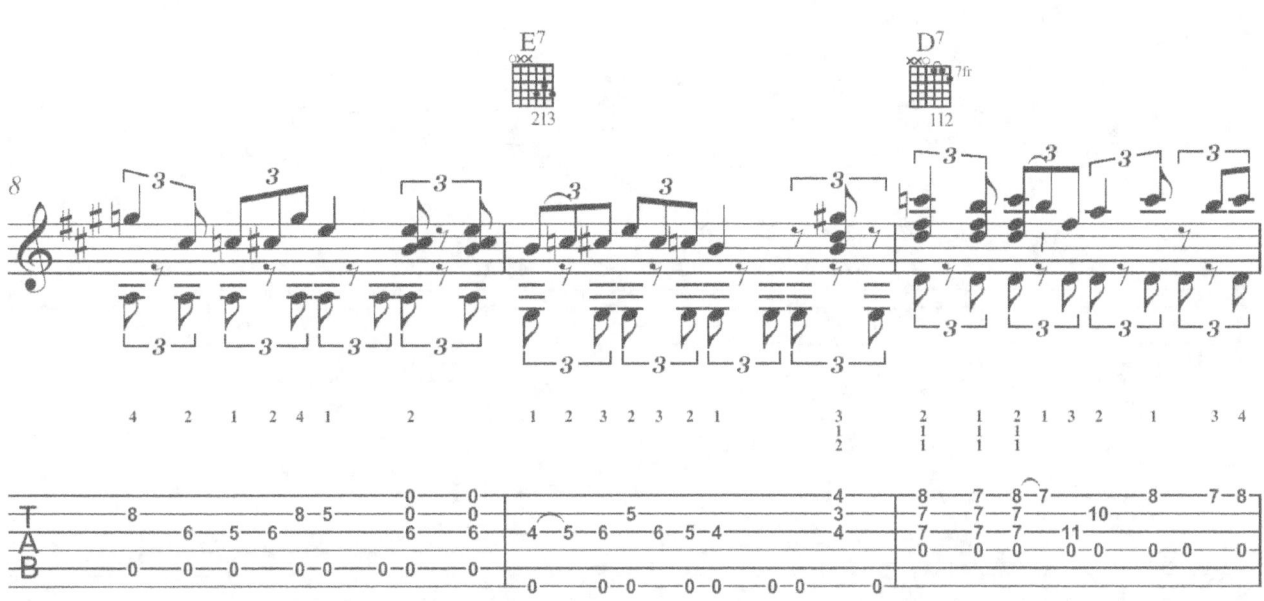

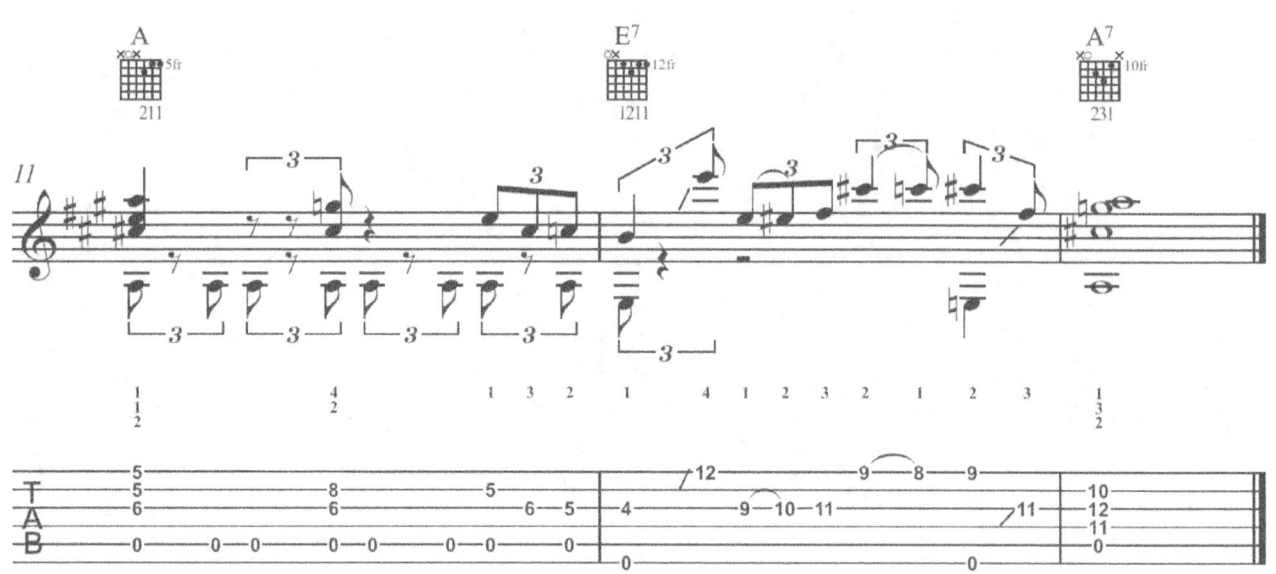

【E大調藍調音階範例】

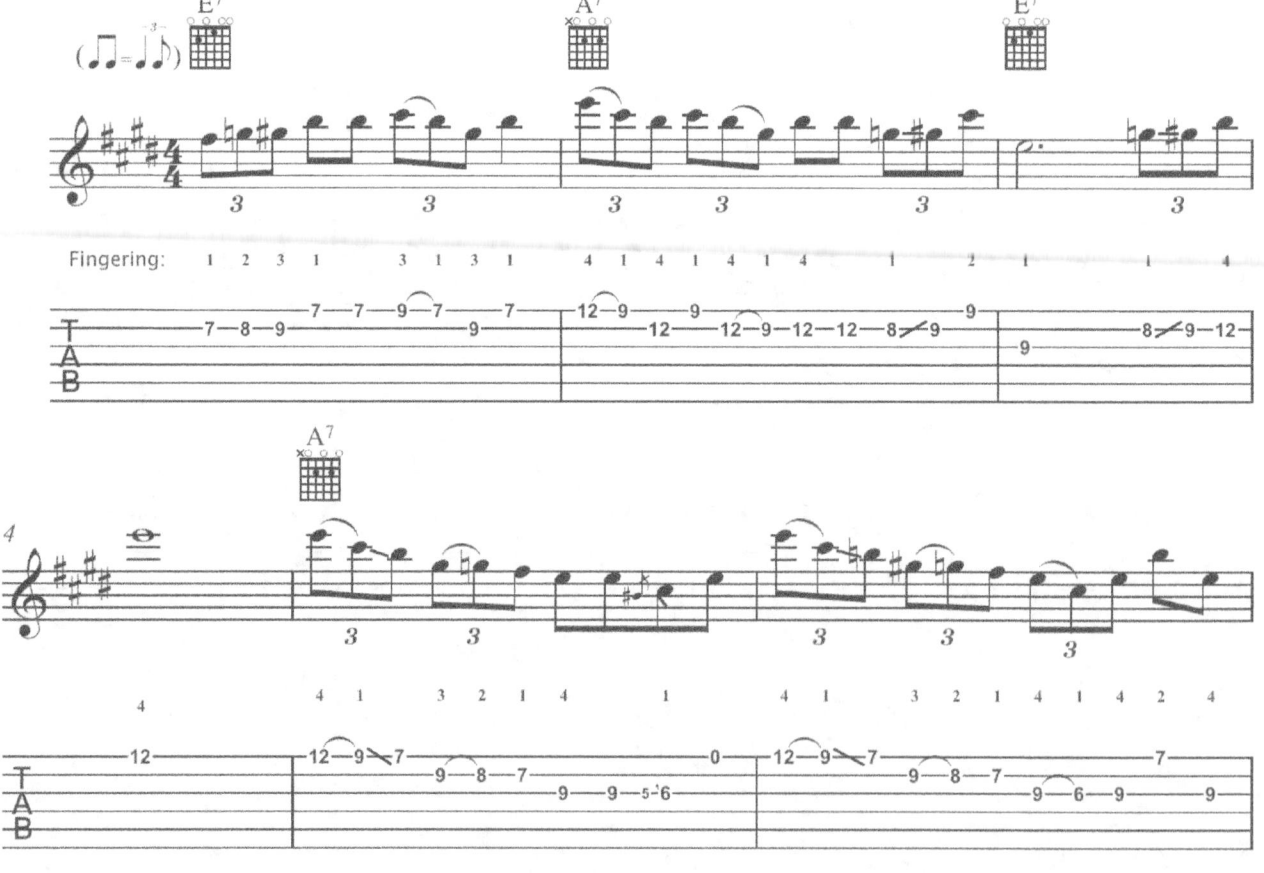

【E大調藍調指彈演奏】

Track 66

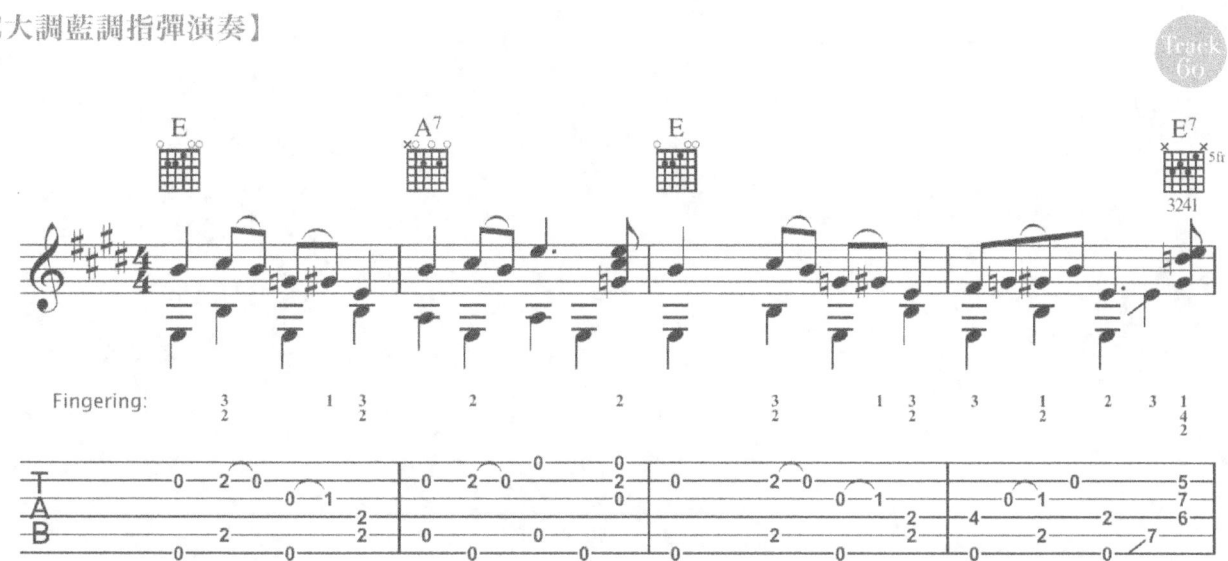

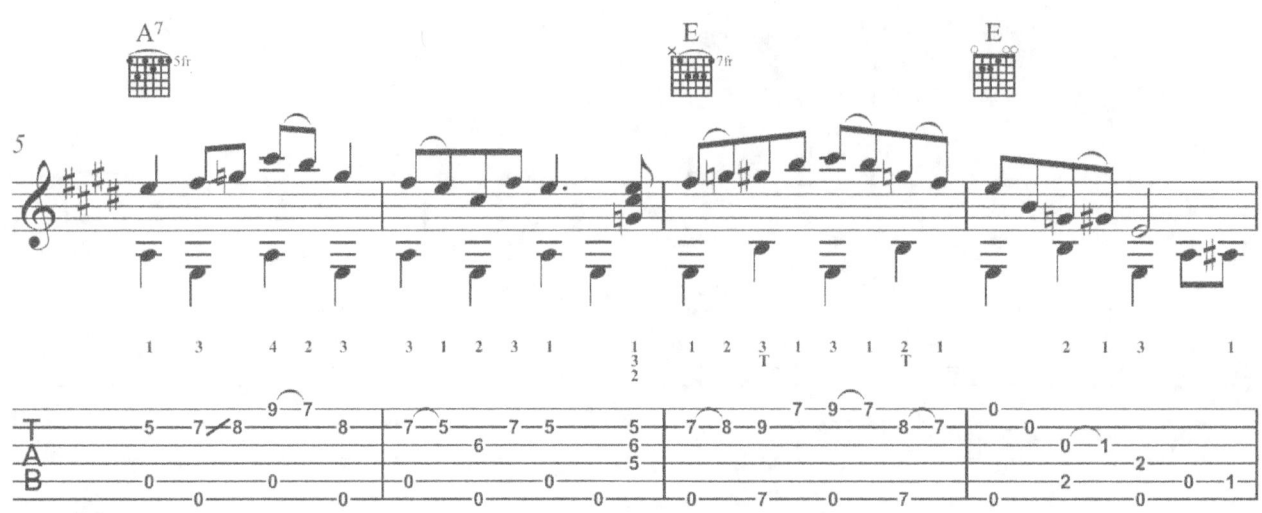

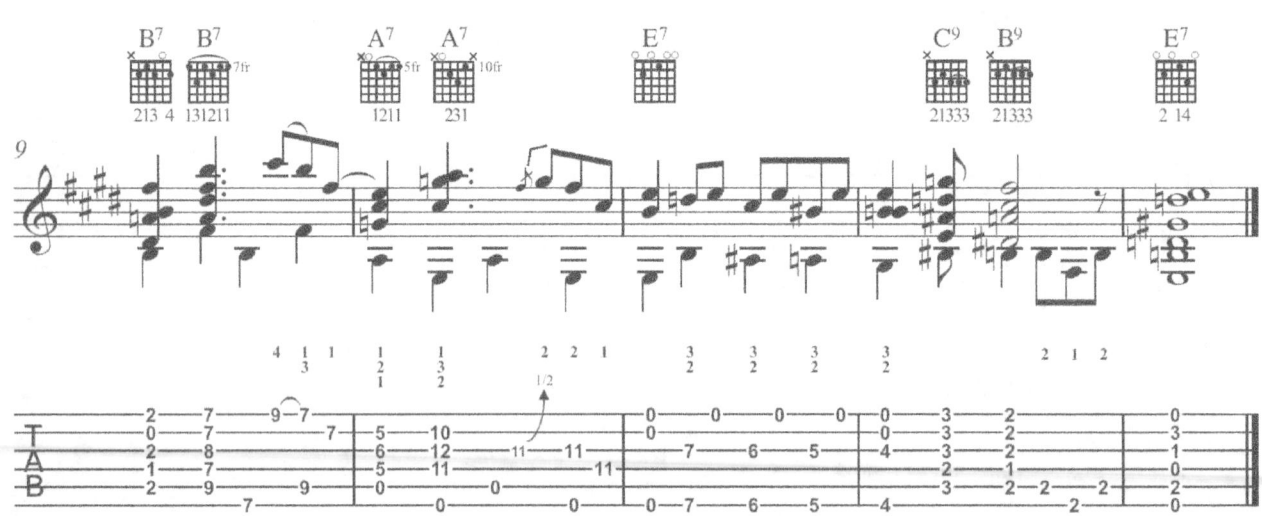

大家在進行大調藍調的練習時，也可以照著前面藍調把位的練習方式來自行練習喔。

◇ 藍調旋律的靈活變化

從上面的討論中我們可以知道,在基本的藍調進行中,我們可以採用的音階除了基本藍調音階外,再來還可以選擇使用大調藍調的音階來演奏。

藍調音階 1 b3 4 #4 5 b7
大調藍調音階 1 2 #2(b3) 3 5 6

這時你可能會問,還有其他的音符或音階可以選擇嗎?
當然是有的。這邊我們再來介紹五聲音階在藍調中的活用法。

【各和絃的大調五聲音階】

基本藍調中 I7, IV7, V7 都含有大三和絃的格式,因此我們把它們三個獨立分開來看,分別採用屬於它們自己的大調五聲音階。

格式	1	2	3	5	6
I7	1	2	3	5	6
IV7	4	5	6	1	2
V7	5	6	7	2	3

加入各自的藍調音符:

格式	1	2	b3	3	5	6
I7	1	2	b3	3	5	6
IV7	4	5	b6	6	1	2
V7	5	6	b7	7	2	3

現在我們來彈彈看，當和絃各自搭配自己的大調藍調音階來演奏時：

< A調範例 >：

Track 61

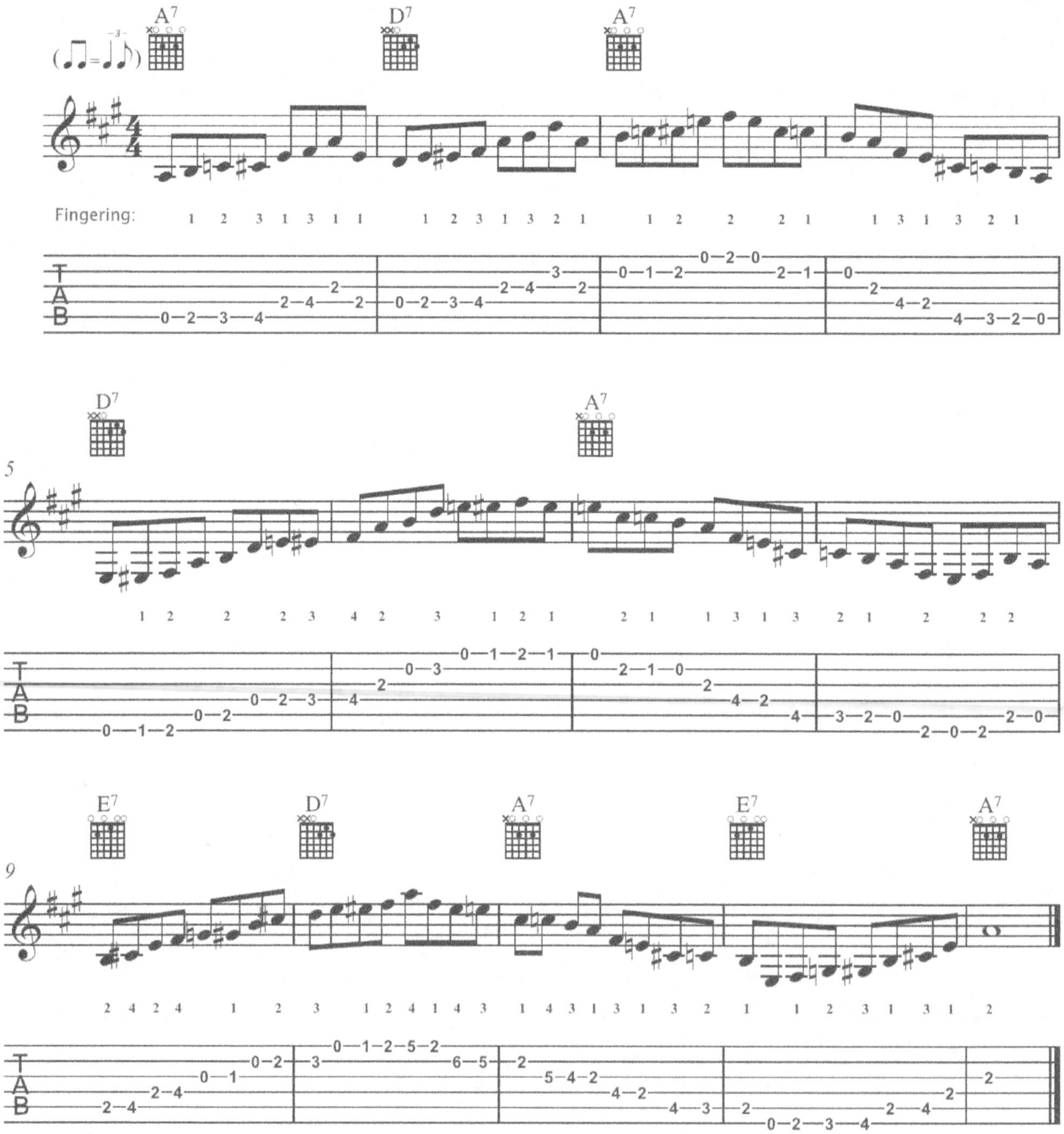

< E調範例 > ：

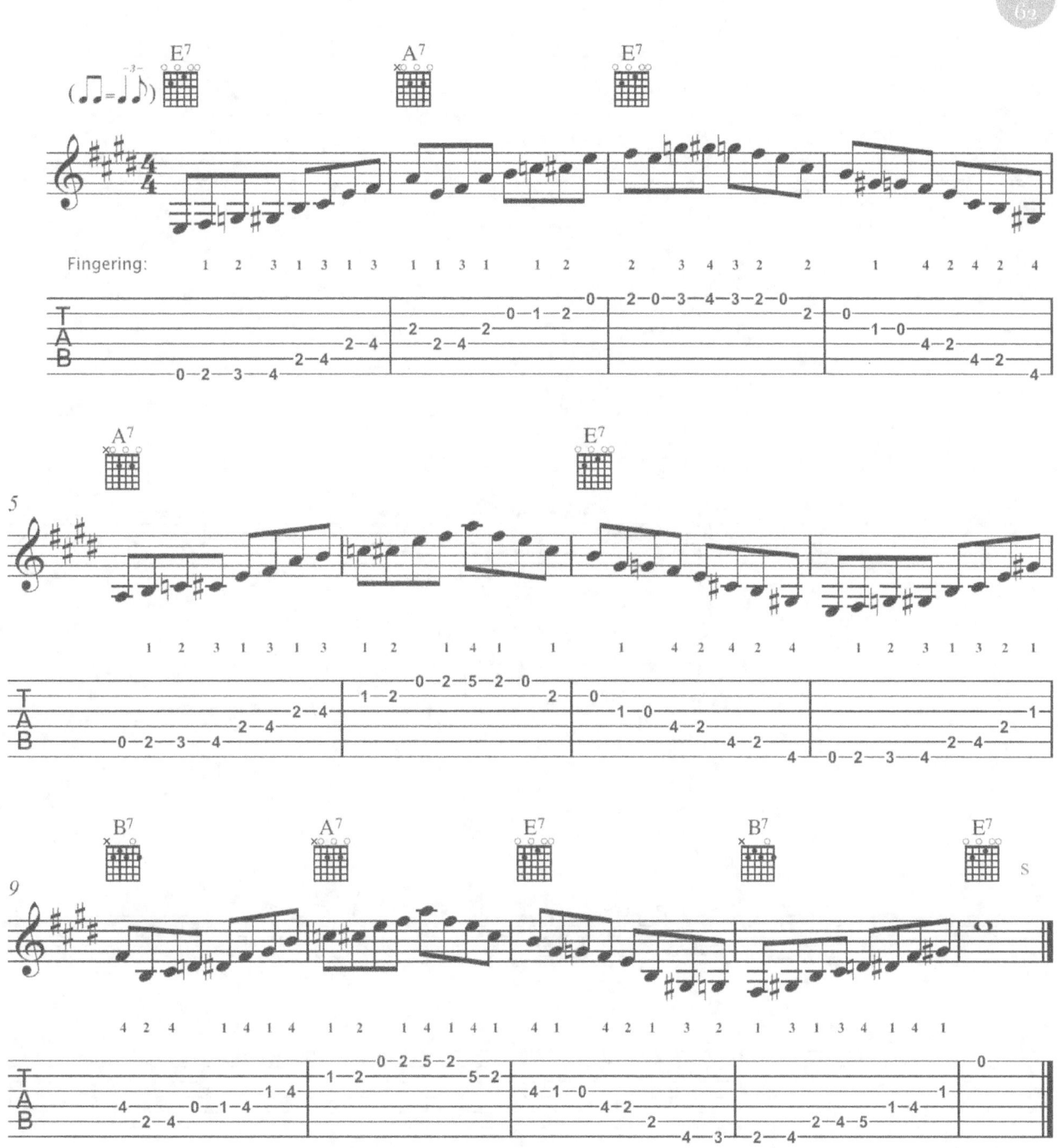

【各和絃的小調五聲音階】

既然如此,原本的小調五聲音階+藍調音符是不是也可以這樣用呢?我們馬上來看看:

格式	1	b3	4	#4	5	b7
I7	1	b3	4	#4	5	b7
IV7	4	b6	b7	7	1	b3
V7	5	b7	1	#1	2	4

< A調範例 > ：

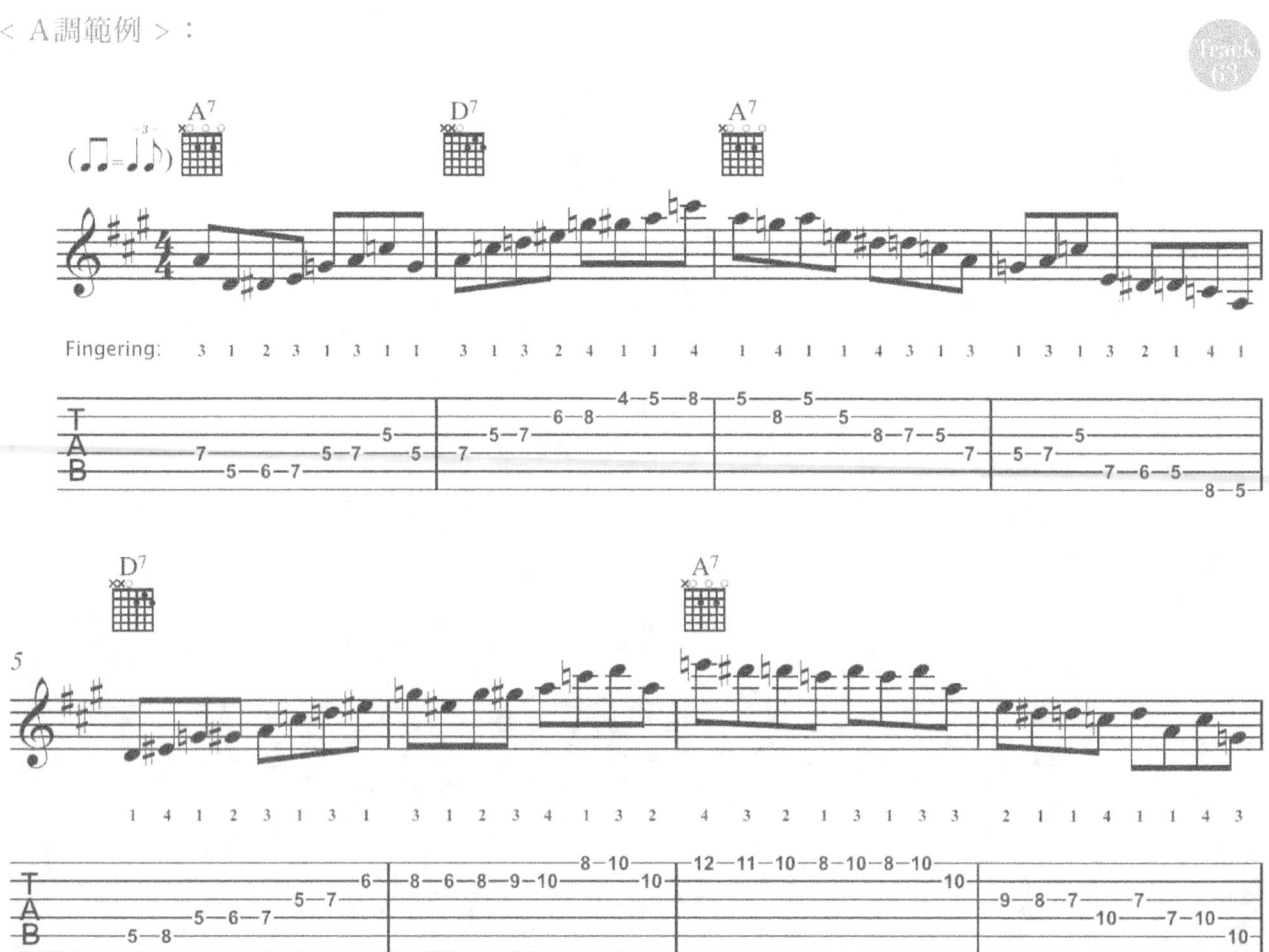

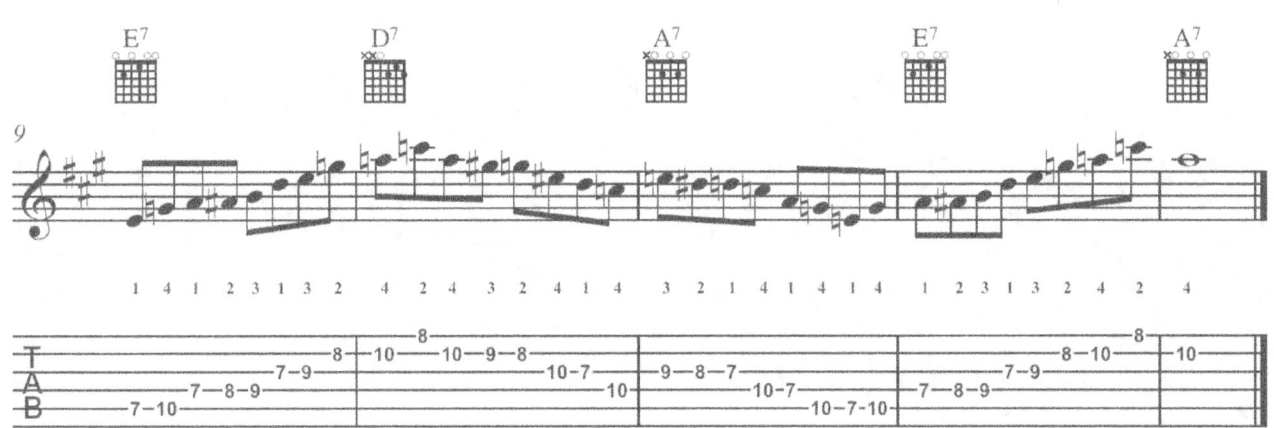

< E調範例 > :

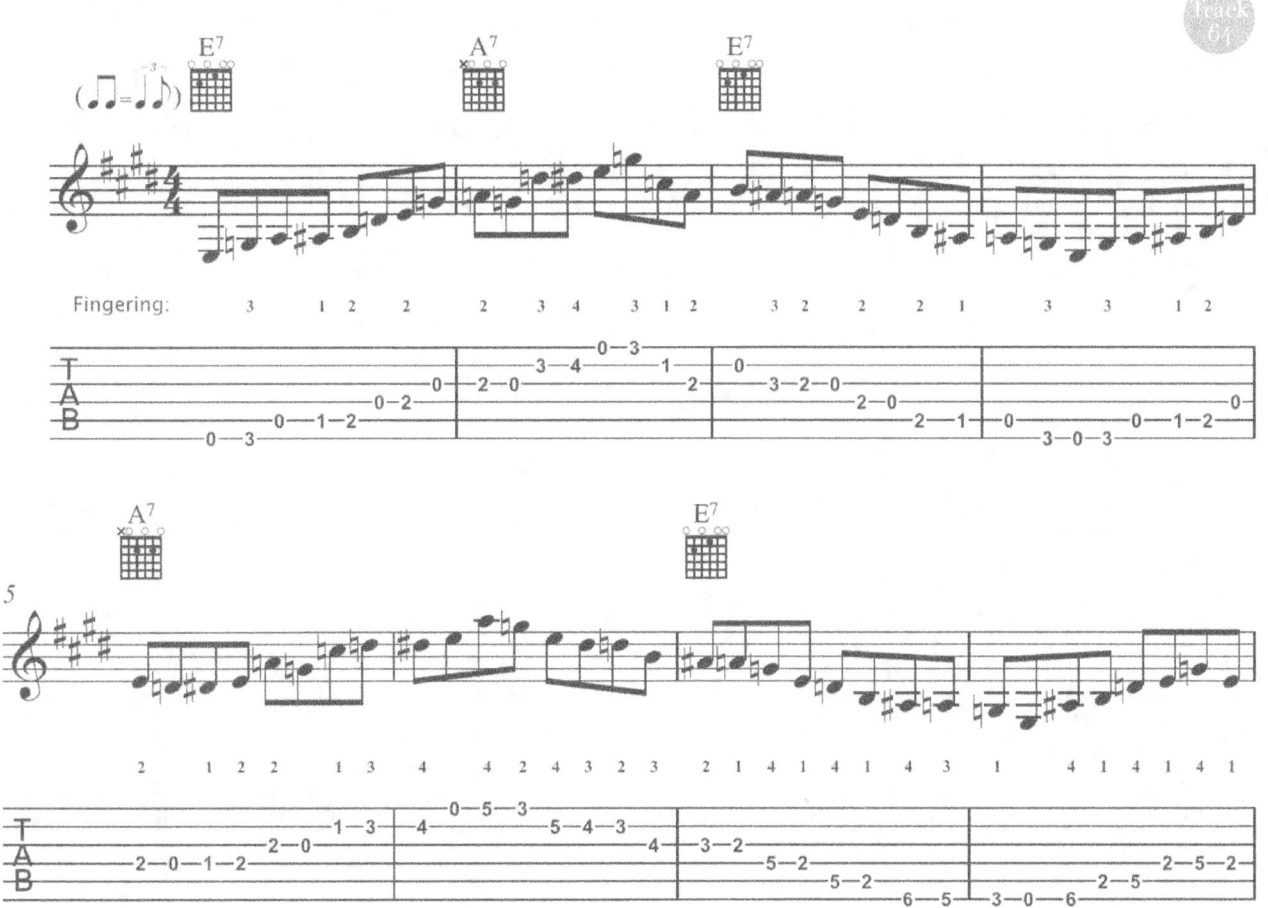

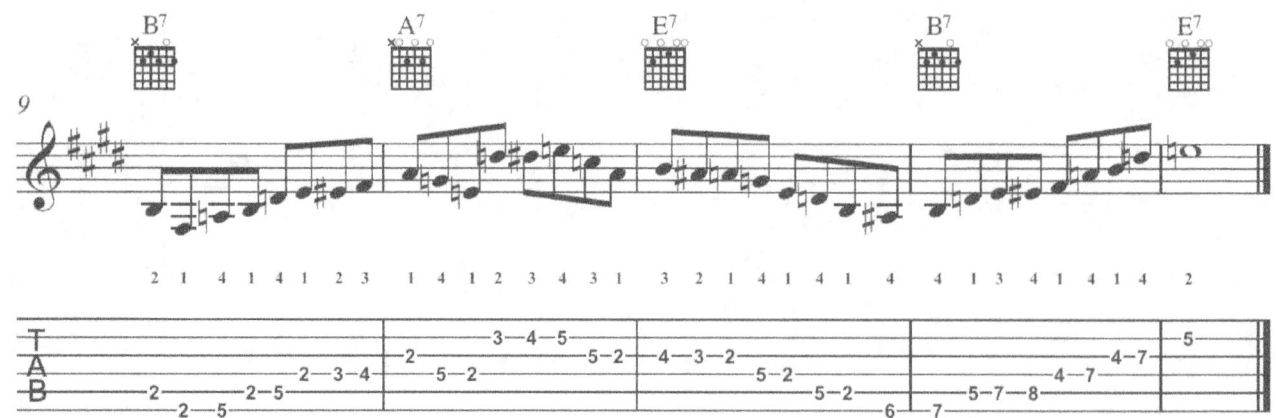

如此一來,再加上前面的音階用法,是不是所有的12個音符都使用上了呢?
音樂就是如此神奇,單純用音符來看,沒有一個音符不能被使用,但是要彈出
好聽又有味道的音樂,只是直接彈出這些音符卻是不行的。所以重要的是,**音符在
什麼地方可以被怎麼使用,會造成音樂呈現什麼感覺或情緒,而不是制式的
什麼音階就該跑哪些音符或是不該出現哪些音符**,要小心別掉進這樣的迷思喔。

【混合使用】

下面的範例就是讓我們看看當我們把上面這些音階用在一起時會有什麼樣的效果：

< A調範例 > :

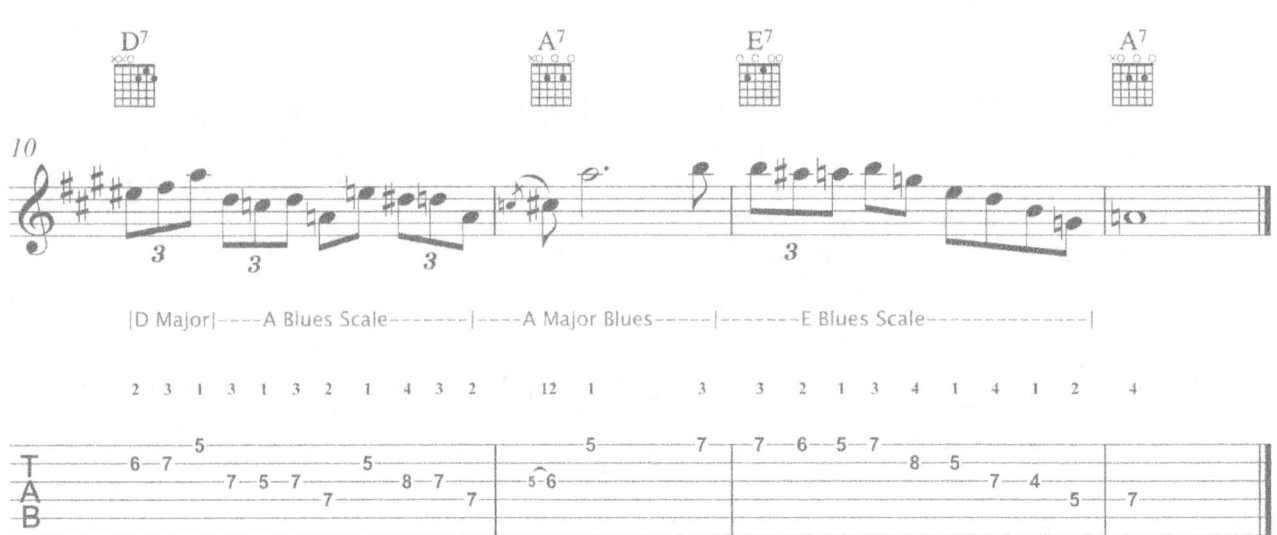

< E調範例 > :

Track 60

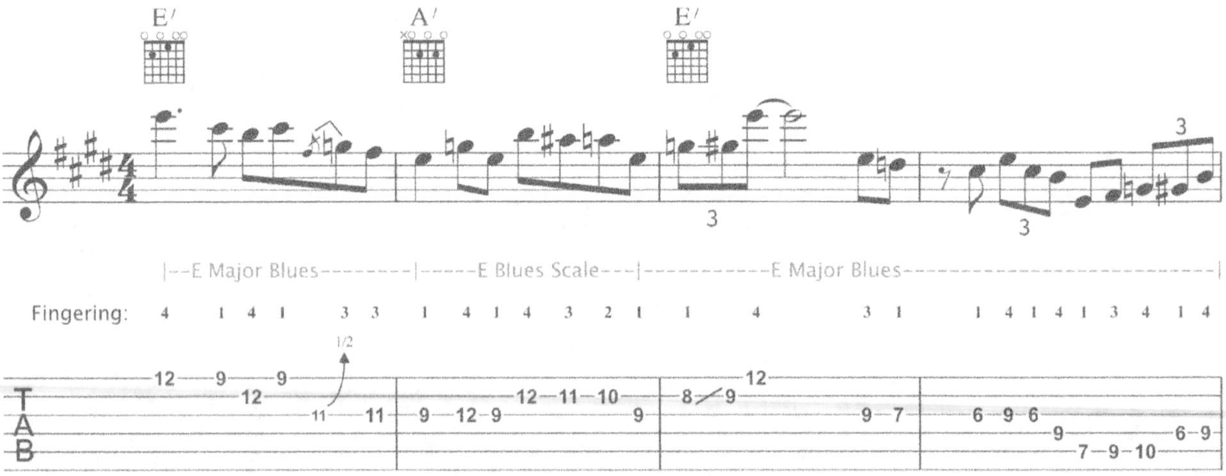

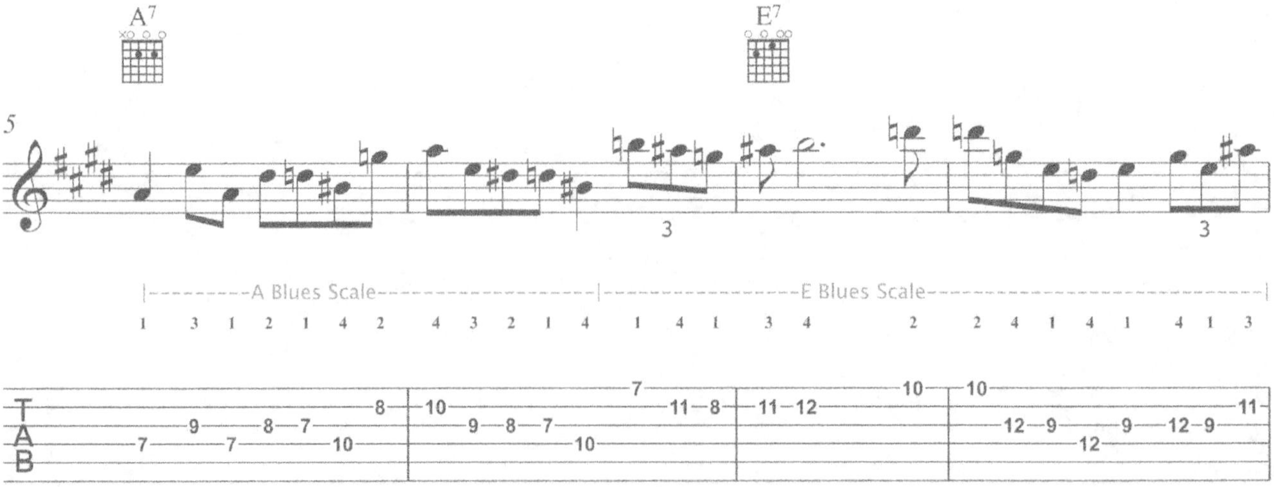

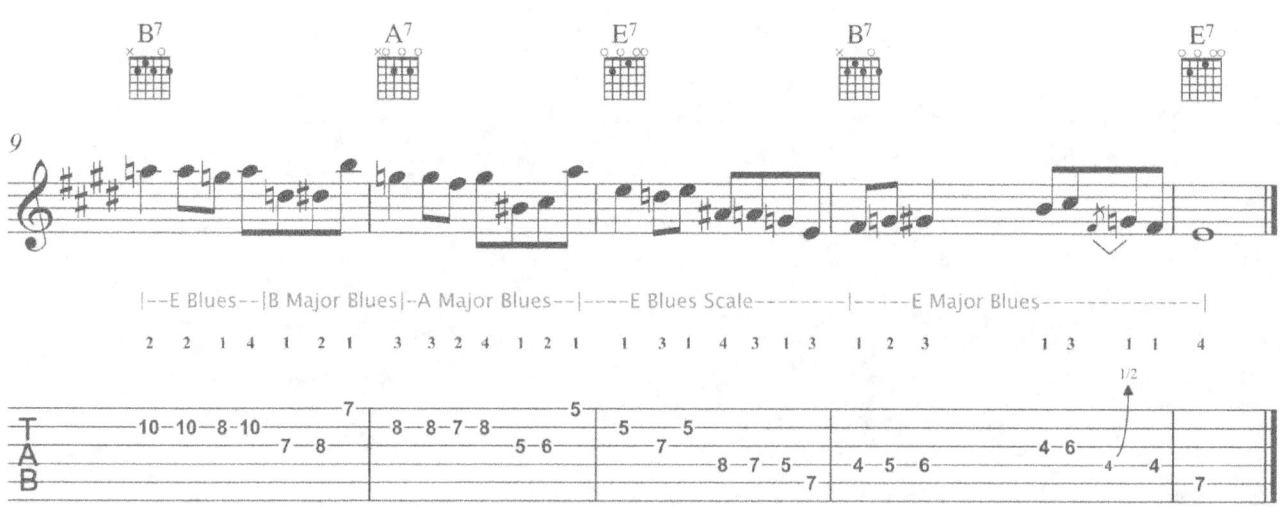

【小調藍調的應用】

前面我們的範例都是一般藍調的和絃進行,那麼以小調和絃為主的小調藍調是否也可以用前面的方式混合音階來使用呢?大家可以嘗試看看喔!

◇ 藍調旋律即興

藍調音樂本身就是常被用來作即興的音樂,因為它架構單純,但是可作的變化非常多,就像上面那些音階音符的使用,因此也很適合讓樂手來盡情發揮即興的能力。

這邊請大家練習即興的方式如下:

1.先選擇某一個把位的藍調音階指型和音符進行彈奏,並且邊彈邊跟著哼,尤其是當某一個音符的出現讓你非常有感覺時,**停在那個音上,多哼彈幾次。**

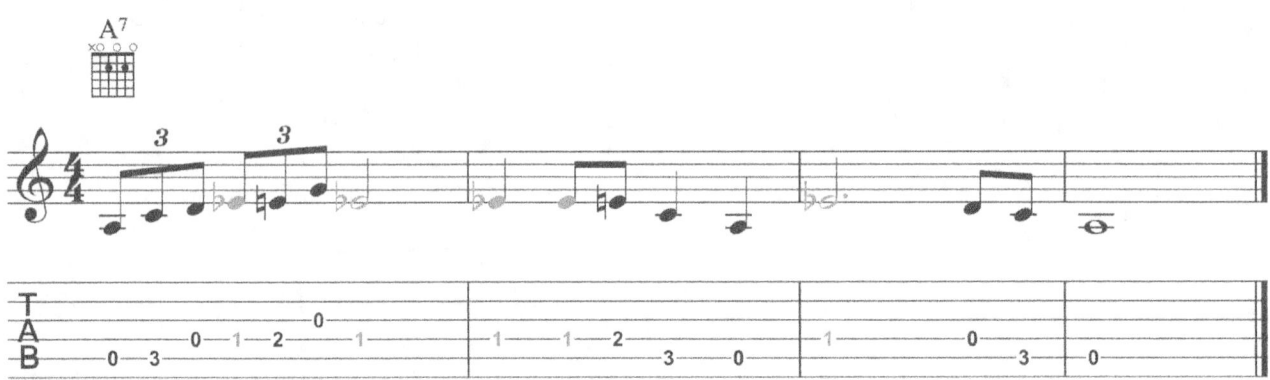

2.開始對這些音符的彈奏順序**重新排列**,一樣跟著哼,如果發現到某種順序彈出來的旋律讓你有藍調的感覺,就多彈幾次。

3. 把先前的長短範例拿出來,嘗試分段(分小節)將旋律**稍作修改**,可以從只改一個音符開始,
   或是一樣將音符重新排列順序。跟著哼唱,感受一下你的修改旋律的味道。

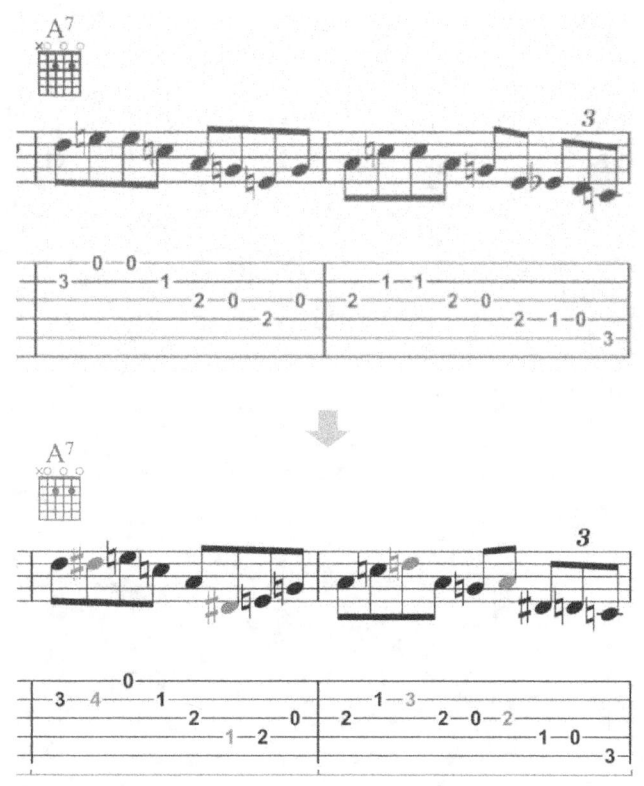

4. 放出藍調的背景伴奏,嘗試慢慢地進行上面的練習順序。

要彈出好聽有味道的藍調,就必須要多聽藍調的音樂,跟著哼唱就像學說話
一樣,然後把哼唱的旋律再用吉他慢慢彈出來,雖然一開始可能味道不像,
就像說話有口音,但是接觸時間久了,慢慢的味道就會出來了。所以請拿出
耐心和時間不斷的聆聽與練習不要中斷喔!

5. 混合不同的音階

就像上一個章節最後的兩個範例, 我們在不同的小節中使用了不同的音階, 可以是藍調音階, 大調藍調音階, 各和絃所屬藍調音階…, 所以這邊就請大家嘗試在不同小節時練習換彈不同的音階。

< A調 > :

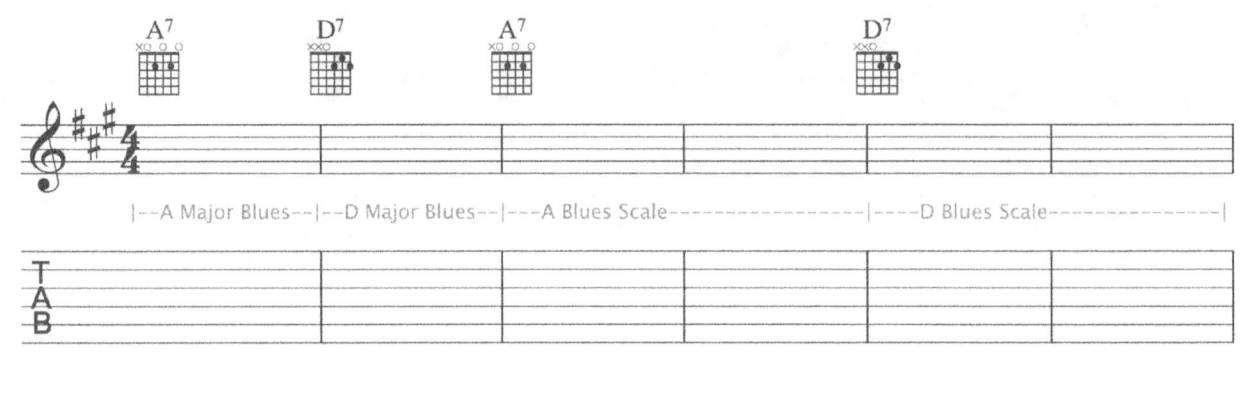

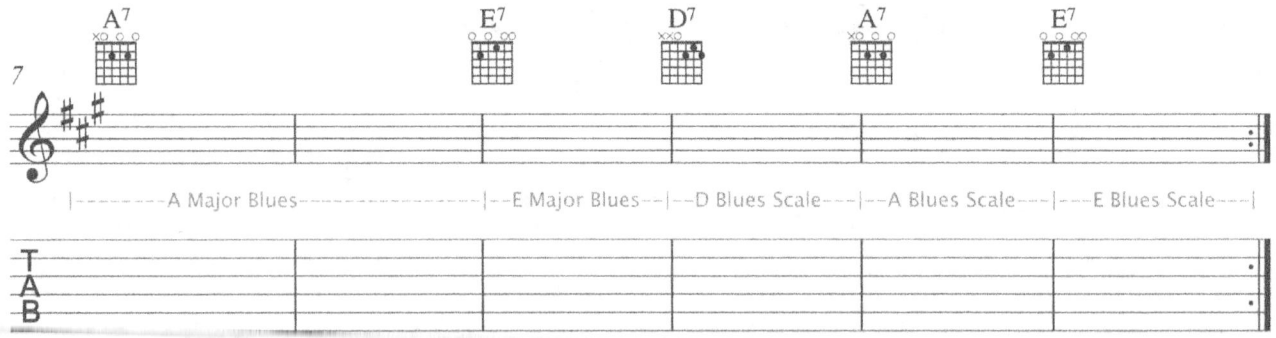

< E調 > :

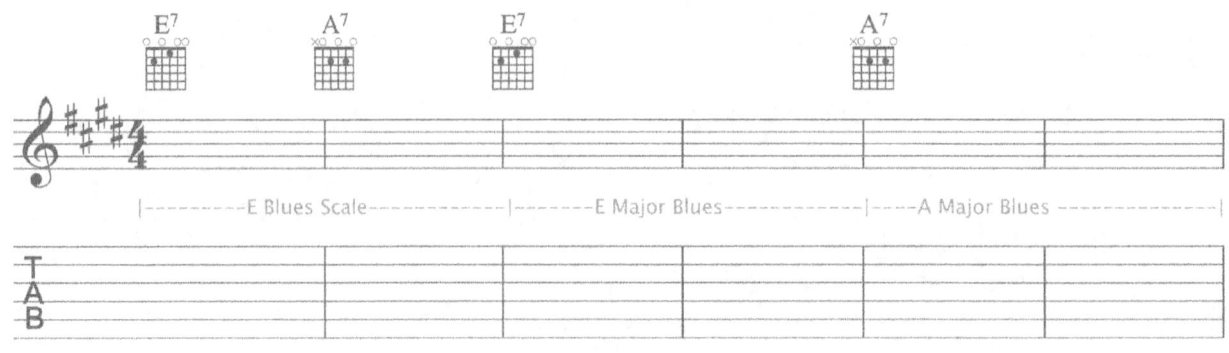

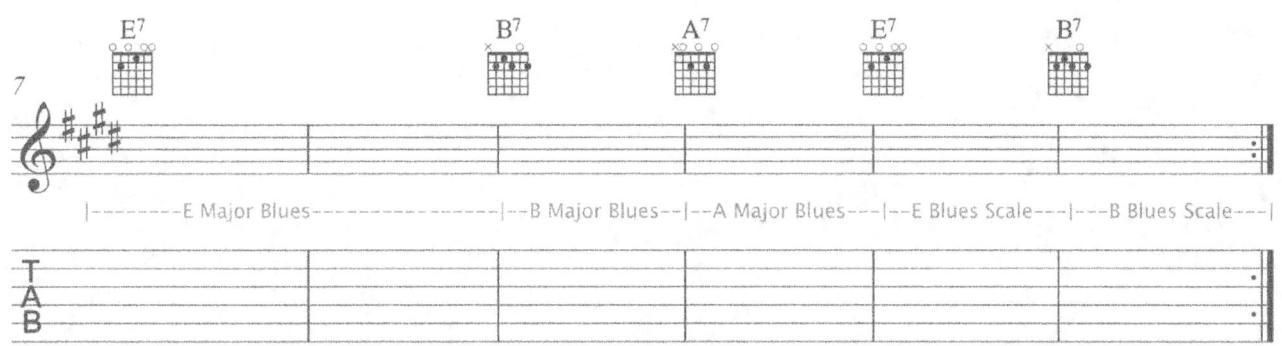

接下來, 大家可以嘗試自行設定不同的音階使用格式來練習。

當我們覺得各音階轉換沒有問題後, 並不是練習結束了, 而是真正練習的開始。請開始用心體會句子的銜接對於背景和絃的進行是否順暢, 是否好聽; 某些單一音符出現的時機是否點綴出了藍調的味道或特別的效果。

當我們可以在即興彈出下一個音之前時, 預先在腦海中知道了接下來的音符會產生出的味道, 而即時做出是否彈出的感覺, 那就開始脫離亂彈, 真正進入藍調即興的開端了。

即興時腦袋真的在想彈奏什麼音階嗎?

要彈奏出自然流暢的即興, 通常在即興的當下, 腦袋所出現的只是音符與旋律, 而不是想下一個小節我們要用什麼音階。

上述的練習並不是要我們能即時想出準備切換到什麼音階, 而是要培養我們在音樂中, 對於使用不同音符的感受與經驗。當我們有過『這樣的背景音樂下, 彈奏那樣的旋律或音符是好聽的經驗』, 就很有可能在即興中自然而然彈出類似的樂句或特色音符, 而這樣的樂句可能是我們練習過的某些音階旋律。

各種感受累積的多了, 當即興時, 自然可以預先感受到接下來彈的音符或旋律會產生什麼感覺了。

◎ 藍調指彈演奏的活用與即興

前面我們又學習到了各類音階對於藍調音樂的活用練習，接下來也讓我們把它們加上其他聲部，運用在指彈演奏中吧！

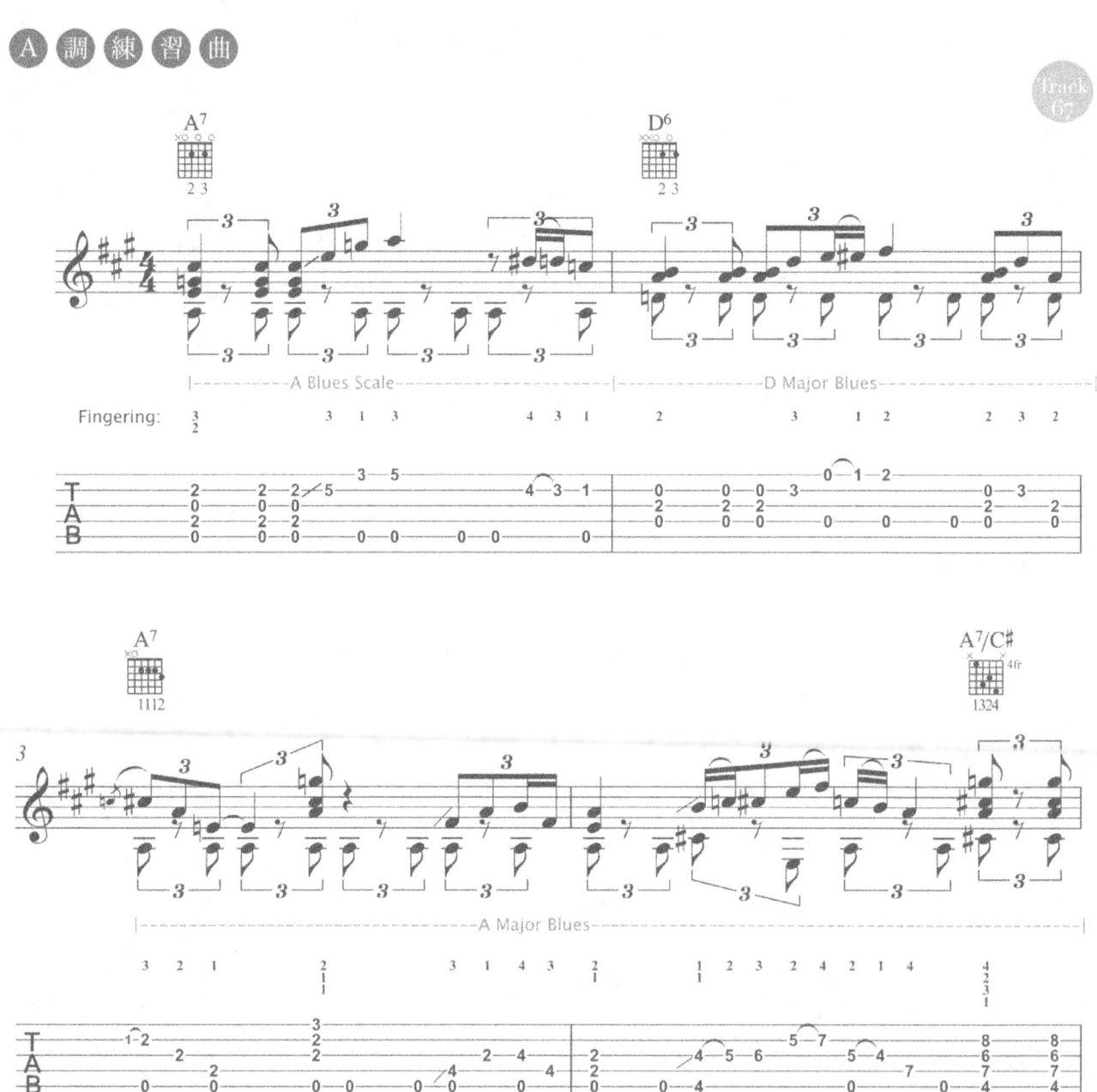

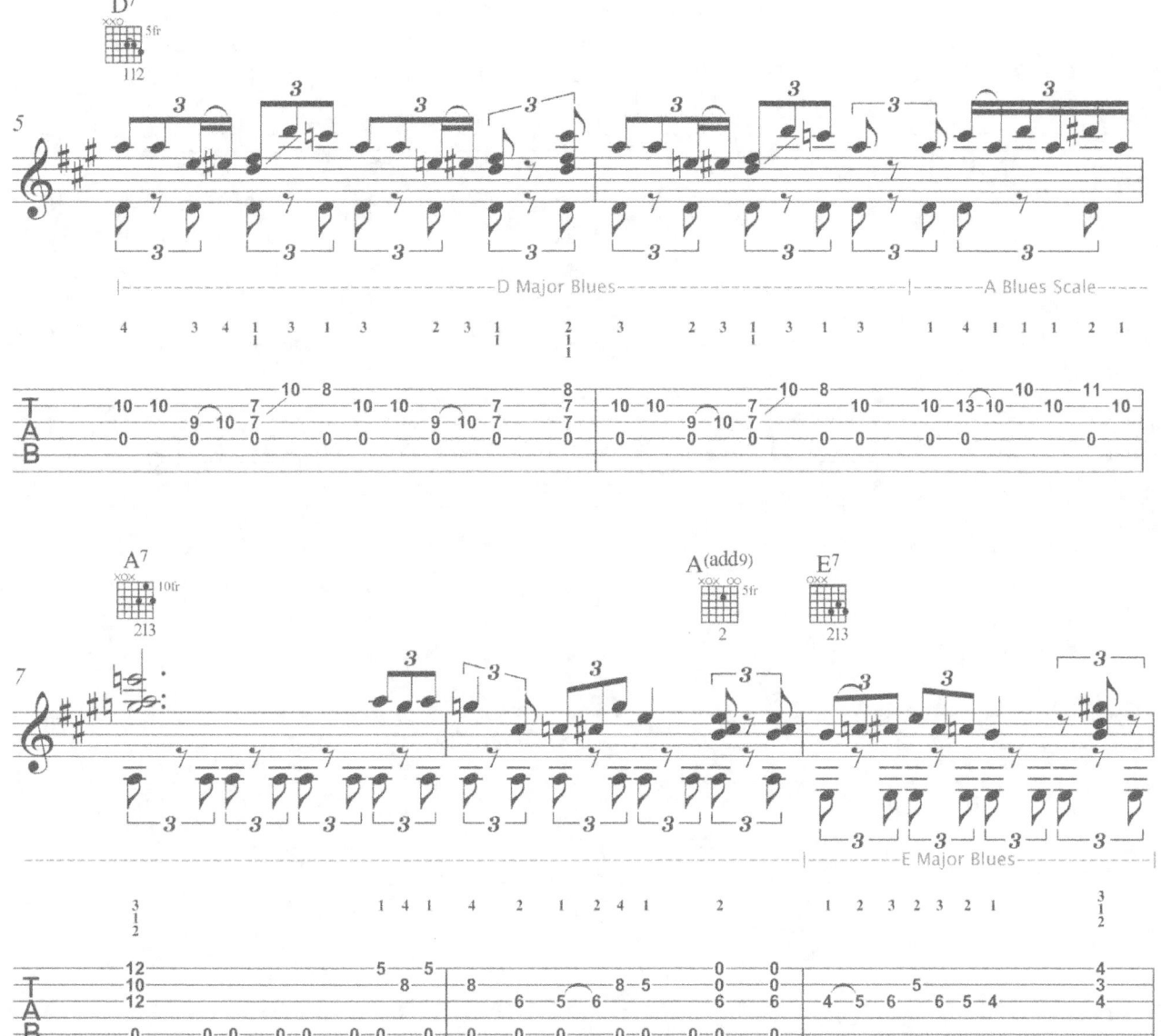

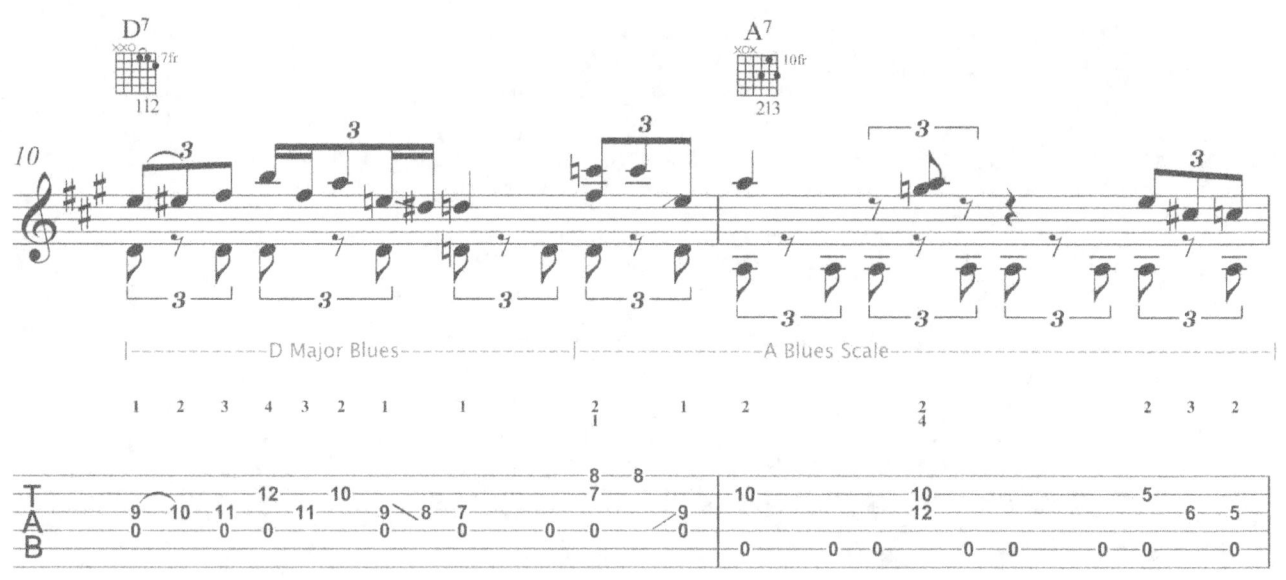

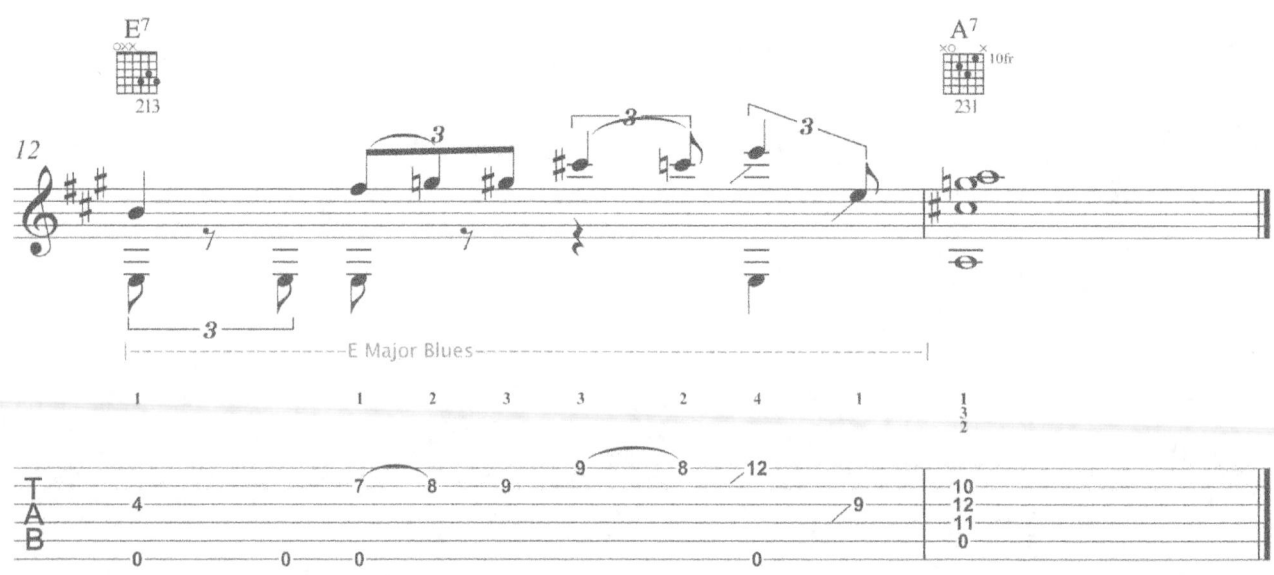

E 調 練 習 曲

如果你發現到筆者示範的旋律中有標注的音階外的音，那是加了經過音或是直接取用某一個和絃組成音。前面說過不是因為用了什麼音階就只能用哪些音符，12個音符都可以選用的，就是這個意思喔！

【指彈藍調的即興演奏】

如果對於旋律即興部份也有所掌握的話，也可以試試加上其他聲部的指彈演奏即興喔！

與前面旋律部份即興的差別，在於即興的彈奏上受制於其他聲部音符的所在位置，不過因為藍調基本和絃只有3個，且選用有開放音的A調與E調，就不會顯得太複雜而難以掌握。

1. 兩聲部即興演奏

就像前面的一開始的兩聲部指彈演奏，我們先單純把和絃的根音當成另一聲部。而為了讓我們即興旋律時可以更加靈活，我們必須知道根音除了開放音可以使用外，同樣音高的根音在其他弦上的位置。

< A調 > ：

A7

彈第Ⅰ級和絃A7時，除了第五弦的開放音A外，還有與它同音高的第六弦第5格可以選用。如此一來，當我們的旋律需要彈奏到第五弦時，就可以同時彈奏另外一個位置的A來維持兩個聲部的演奏。

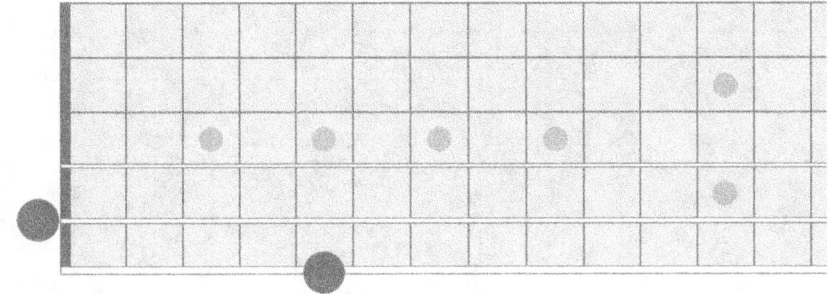

練習範例：

請自行練習嘗試即興時, 進行A7根音位置的切換。

D7

彈第IV級和絃D7時, 除了第四弦的開放音D外, 還有與它同音高的第五弦第5格, 和第六弦第10格可以選用。由於如果第四弦被使用於最低音的根音彈奏, 那麼剩下可以用作旋律即興的弦就只剩下第一二三弦, 這樣要在短拍內即興出較多音符時就會較為受限, 因此進行到D7的小節時, 就更經常需要對低音部做其他位置的切換。

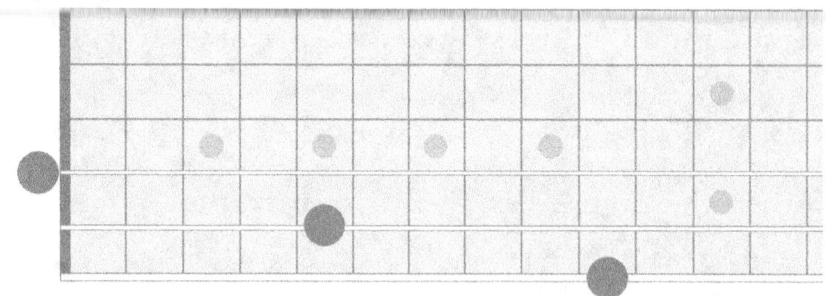

練習範例：

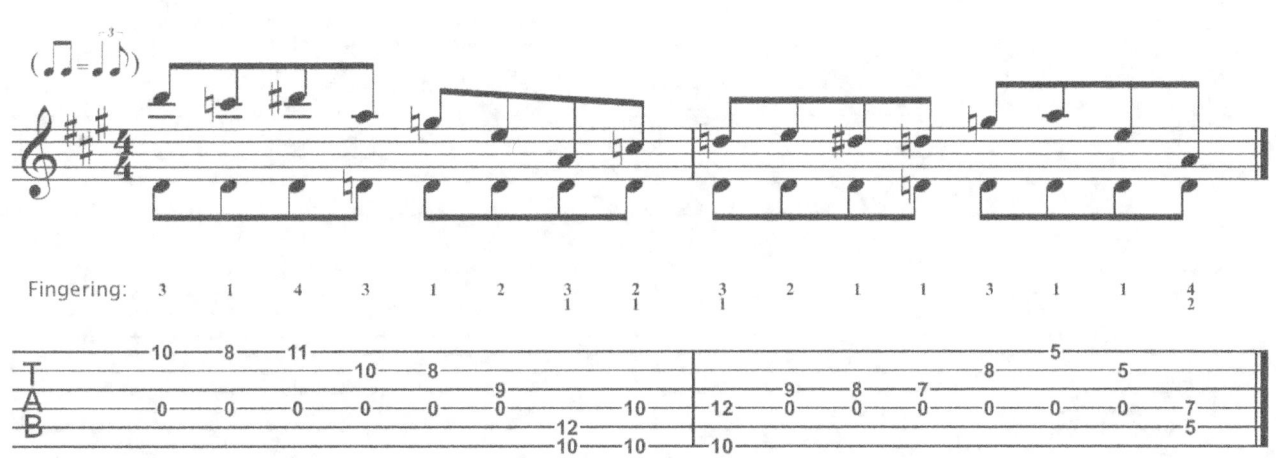

請自行練習嘗試即興時，進行D7根音位置的切換。

E7根音已經是在第六弦上，因此基本上不太會打擾到旋律的即興。

< E調 > ：

B7

E調裡，只有第Ⅴ級的B7的根音沒有開放音可使用，因此知道其他根音位置來做選擇就更加重要。

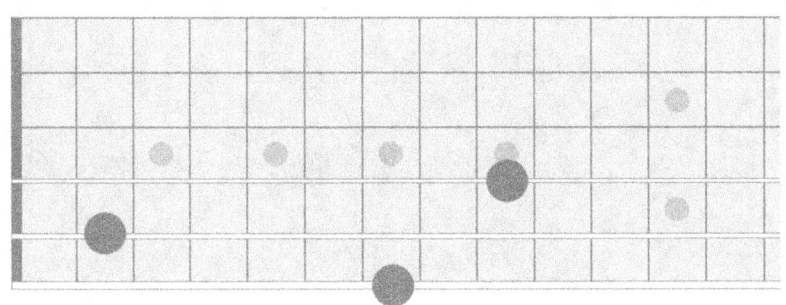

這裡為了應付有時會即興旋律到第12格的位置，會選擇彈奏位在第四弦第9格，高8度的B音來做低音部的呈現。

練習範例：

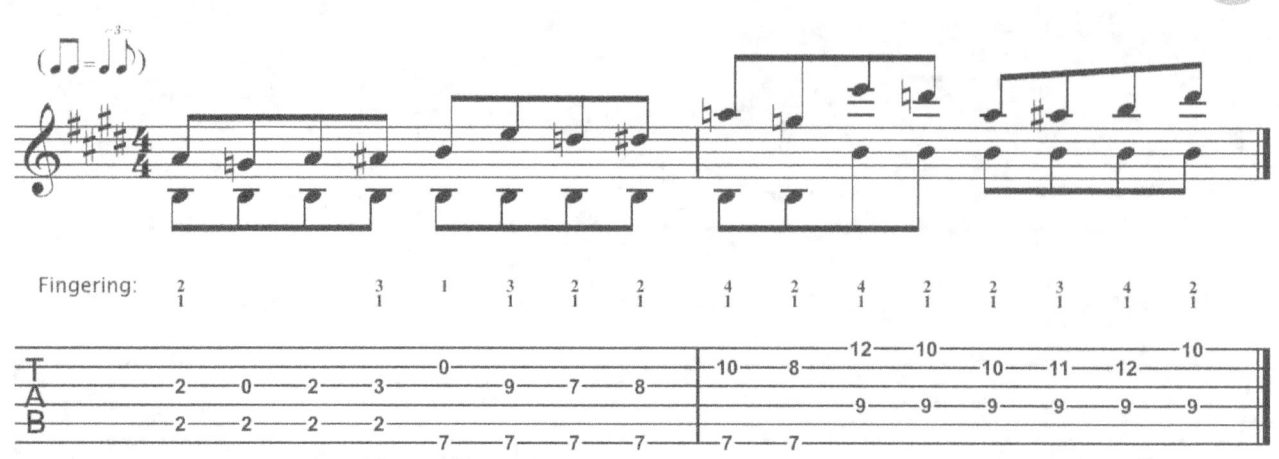

請自行練習嘗試即興時，進行B7根音位置的切換。

2. 多聲部即興演奏

這部份的即興練習方式和前面的兩聲部即興基本上是一樣的，只不過我們需要多考慮一個和絃在不同把位的按法位置進去。而前面已經知道了根音的位置，當然我們也就可以知道在該位置下的和絃指型按法了。這可以請大家參考前面轉位和絃的指型圖就可以了解。

練習的方式，也請大家重新觀察前面的一些指彈範例，和絃或低音相對於旋律線下出現的時機。這些時機通常在於：

> 彈奏即興時，空閒的手指是否能有按出附近和絃音的機會
> 旋律句子的間斷處可選擇是否補上不影響接下來即興句子的和絃指型

請放慢速度，先嘗試單一小節的即興練習，慢慢的就能找出一套屬於自己的多聲部即興運指模式，也就能漸漸感受到自由即興的痛快！

◎ 無伴奏藍調即興彈奏

無伴奏的意思, 就是純粹的彈奏藍調的旋律, 而沒有彈奏其他的低音或中音聲部。這樣的音樂, 常常在老藍調音樂中會出現, 因為沒有其他伴奏音存在, 會給人多一些孤獨的感覺呢。

當然這邊的無伴奏, 不是要我們自己隨便的彈奏藍調樂句就可以, 而是說, **要我們在彈奏單純的藍調旋律時, 也要讓聽者感覺到有整個藍調曲式在進行的感覺喔。**

下面我們先提供一個範例曲, 大家聽聽看, 這樣子彈奏, 會不會感覺到其實有藍調12小節在背後進行的感覺呢?

A調範例 /

E調範例 /

上面這些旋律的彈奏，其實就是巧妙地運用了獨立五聲音階＋藍調音符的結構來達成聽覺上，隱藏著曲式正在進行的感覺。

我們看看前面的獨立五聲音階格式分析，就可以發現到，當我們照著和絃進行在彈奏個別的五聲音階時，**因為分別包含著不同和絃們的組成音在旋律裡面，所以就可以讓聽者感覺到有一種和絃正在進行的感覺喔。**

這邊有個重要的概念就是，**不屬於當下和絃組成音的音符，盡量少彈，甚至不彈，或是彈的有些技巧性**(比如僅當過門音或是放在弱拍上)。這樣就不會讓聽者在聽覺上造成混亂，而感覺不到目前的和絃進行到了哪裡。

所以你可以試試這樣的單音方式來練習即興，看能不能透過這種方式彈出孤單的藍調味道喔！

另外還有更進階的彈奏方式，就是單純只用**一個調的小調五聲音階來彈出藍調進行**的感覺，也就是只用5個音來彈奏出藍調的進行，大家可以自己再嘗試看看喔！

A調範例 /

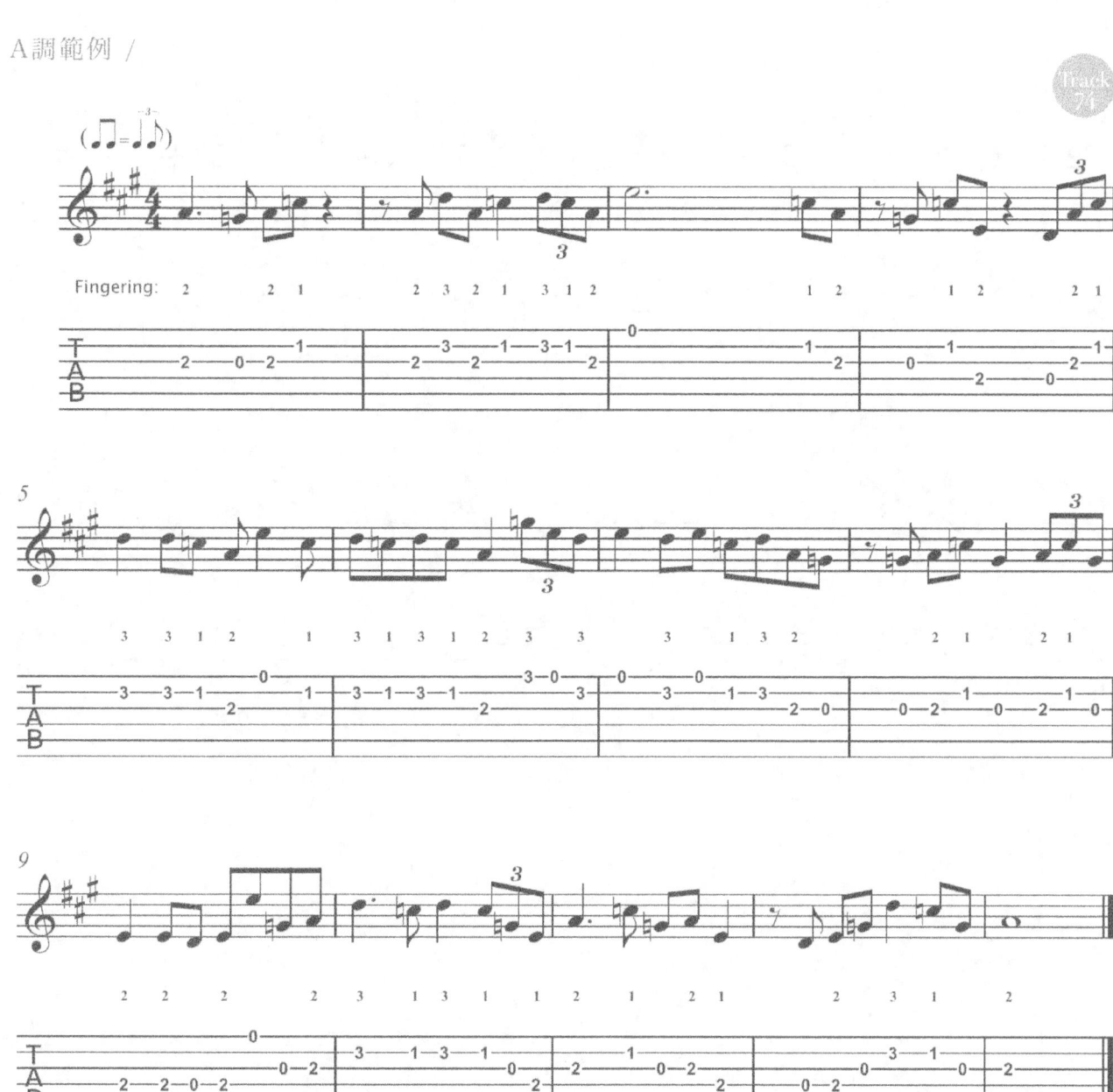

E調範例 /

[結語]

藍調的入門並不像爵士的困難複雜,但是要彈好它,豐富它卻也不容易。

本書從第二篇章節開始,讀者都需要自己再針對內容上多加思考與練習,找出自己的慣例手法,即使是一段章節研究上好幾個星期都不為過,畢竟教材不可能把所有練習方式通通列出來,讀者需要在了解核心方法後自行進行其他的移調練習或把位練習,才能慢慢體會出更自由的藍調即興方式。

請注意各章節所提到的音樂心法與彈奏心法,那才是所有自我變化訓練皆需依據的核心。就像筆者學習與自我練習過了各種方法後,當所有東西都上手內化,最後剩下的是對音符與技巧使用的直覺。

所以請有耐心,並堅持著學習思考,用一生彈奏下去吧!

*Solo
Fingerstyle*

*Blues
Guitar*

國家圖書館出版品預行編目(CIP)資料

一個人的藍調指彈吉他攻略：基礎,進階與即興 / 不拘時編著

-- 初版. -- 新北市：時空膠囊音樂社, 2016.08 面；21x29.7 公分

ISBN 978-986-89903-6-4(平裝)

1.吉他

916.65 105008685

[一個人的藍調指彈吉他攻略：基礎,進階與即興]

Your Personal Book of Solo Fingerstyle Blues Guitar

編著│不拘時

出版日期│2016年8月(初版)

發行、出版│時空膠囊音樂社

地址│23582 新北市中和區秀朗路三段128巷13-2號

電話│02-29493060

網站│http://www.stc-music.com/

Email│web@stc-music.com

美術設計│森田達子視覺設計工作室

定價│每本新台幣四百二十元整

版權所有,翻印必究。

本書如有缺頁、破損,請寄回更換!

本書中所有音樂、文字、圖片、版面等之著作權均屬於時空膠囊音樂社與作者所有。
凡涉及私人運用以外之行為,須取得本公司及著作者之同意,任何未經同意而翻印、
剽竊或盜版之行為必定依法追究。

www.ingramcontent.com/pod-product-compliance
Lightning Source LLC
Chambersburg PA
CBHW080853120626
46550CB00007B/2624